AF433703

# Guida Completa al Coaching e alla Formazione: Strategie Efficaci per Sbloccare il Tuo Potenziale Personale e Professionale

## Dalla Storia del Coaching alle Tecniche Avanzate di Comunicazione, Scopri Come Trasformare la Tua Vita Attraverso il Coaching e la Formazione

**Giovanni Priori**

1. **Introduzione al Coaching e alla Formazione**: Spiegazione dei concetti chiave e della loro importanza nel mondo moderno.
2. **Storia del Coaching**: Una breve panoramica di come e quando è nato il coaching e la sua evoluzione nel tempo.
3. **I Fondamenti della Comunicazione**: La comprensione di ascolto attivo, feedback costruttivo e domande efficaci.
4. **Il Ruolo del Coach**: Quali sono le responsabilità, le attitudini e le competenze richieste per essere un buon coach.
5. **Strumenti e Tecniche di Coaching**: Un'analisi delle varie metodologie e tecniche utilizzate nel coaching.
6. **Misurare il Successo del Coaching**: Come valutare l'efficacia di un percorso di coaching.
7. **Il Processo di Formazione**: Dall'analisi dei bisogni formativi alla valutazione dei risultati.
8. **Tecniche Didattiche**: Approfondimento su come presentare informazioni, facilitare discussioni e coinvolgere i partecipanti.
9. **Coaching vs Mentoring**: Differenze, somiglianze e quando utilizzare l'uno o l'altro.
10. **Formazione Online**: Utilizzo della tecnologia nel coaching e nella formazione. Vantaggi, sfide e best practices.

percorso personale di coaching o formazione, sottolineando i benefici a livello personale e professionale.

## Introduzione al Coaching e alla Formazione

Il mondo moderno, caratterizzato da rapidi cambiamenti, sfide crescenti e una costante evoluzione del mercato del lavoro, ha portato in primo piano l'importanza del coaching e della formazione come strumenti chiave per il successo personale e professionale.

**Cos'è il Coaching?** Il coaching è un processo guidato da un professionista (il coach) che supporta una persona o un gruppo nel raggiungimento di obiettivi specifici attraverso l'auto-consapevolezza, la riflessione e l'azione mirata. Questo approccio è focalizzato sul "qui e ora", ma con uno sguardo sempre rivolto al futuro. Mentre un terapeuta si concentra principalmente sul passato e su problemi emotivi profondi, un coach lavora con il cliente per identificare e superare gli ostacoli, potenziando le sue capacità e risorse già presenti.

**Cos'è la Formazione?** La formazione, invece, si riferisce al processo di acquisizione di conoscenze, competenze e abilità attraverso l'istruzione e l'esperienza. Può assumere molteplici forme, dalla formazione tradizionale in aula, a quella online, fino ai seminari pratici e ai workshop. L'obiettivo principale della formazione è fornire agli individui gli strumenti necessari per migliorare le proprie prestazioni sul lavoro o nella vita personale.

**Importanza nel Mondo Moderno** Con la crescente complessità dei mestieri e l'avvento della quarta rivoluzione industriale, marcata dalla fusione tra tecnologie digitali, fisiche e biologiche, mai come oggi la necessità di adattarsi rapidamente è stata così imperativa. Il coaching diventa quindi uno strumento essenziale per:

- Guidare le persone attraverso periodi di cambiamento e transizione.
- Aiutare a identificare punti di forza e aree di sviluppo.
- Supportare il raggiungimento di obiettivi personali e professionali.

Parallelamente, la formazione aiuta a:

- Mantenere le competenze aggiornate in un ambiente in costante evoluzione.
- Promuovere la crescita personale e professionale.
- Adattarsi a nuovi ruoli o settori in modo efficace.

In conclusione, sia il coaching che la formazione sono diventati pilastri fondamentali per la realizzazione personale e la competitività professionale nel 21° secolo. Essi non solo permettono agli individui di navigare in un mondo in costante mutamento, ma offrono anche opportunità uniche di crescita, sviluppo e successo.

Il coaching e la formazione, due concetti spesso intrecciati ma distinti, sono diventati fondamentali nel panorama moderno, e la loro importanza può essere analizzata da molteplici angolazioni.
Il coaching, in origine, trae le sue radici dal mondo dello sport, dove un allenatore (o "coach" in inglese) aiuta l'atleta a raggiungere la sua massima performance. Questa metafora si adatta perfettamente alla definizione di coaching nel contesto personale e professionale: il coach, come l'allenatore sportivo, non gioca sul campo, ma fornisce strumenti, feedback e strategie per permettere al "giocatore" di esprimersi al meglio. La realtà moderna, con le sue sfide complesse e interconnesse, richiede una capacità di introspezione, una profonda comprensione dei propri punti di forza e debolezza e una visione chiara di dove si vuole andare. Il coach diventa quindi un facilitatore di questo percorso di scoperta e realizzazione.

La formazione, d'altra parte, può essere vista come un ponte che collega dove ci troviamo ora a dove vogliamo essere in termini di competenze e conoscenze. In un'era dominata da informazioni e conoscenze in continua espansione, il bisogno di formazione continua e di apprendimento lungo tutto l'arco della vita non è mai stato così evidente. Ogni settore, dalla medicina all'ingegneria, dalla pedagogia all'arte, è in continua evoluzione, e ciò che era rilevante o innovativo cinque anni fa potrebbe non esserlo più oggi. La formazione si presenta quindi come un alleato indispensabile per rimanere al passo coi tempi, evitando di diventare obsoleti nel proprio campo di competenza.

Ma esaminando ancora più a fondo, emerge un'altra dimensione chiave. La natura stessa del lavoro e delle carriere sta subendo una trasformazione radicale. Le carriere lineari, dove un individuo lavorava per la stessa azienda per decenni, sono sempre più rare. Oggi, la flessibilità, l'adattabilità e la capacità di imparare e disimparare sono qualità fondamentali. In questo contesto, il coaching e la formazione diventano ancor più centrali. Mentre la formazione garantisce l'aggiornamento e l'acquisizione di nuove competenze, il coaching supporta l'individuo nella navigazione tra cambi di carriera, sfide personali e professionali e nella definizione di nuovi obiettivi.

Inoltre, la società moderna, con il suo ritmo frenetico e le sue distrazioni ubiquitarie, può facilmente allontanarci dalla nostra essenza e dai nostri veri desideri. Qui entra in gioco un altro aspetto fondamentale del coaching: l'aiuto nel riconnettersi con sé stessi. Mentre la tecnologia avanza, portando innegabili benefici, ci troviamo anche di fronte a un crescente senso di disconnessione e insoddisfazione. Un coach può assistere nel riportare l'attenzione sull'individuo, sui suoi valori, aspirazioni e sogni, fornendo uno spazio sicuro per esplorare, riflettere e pianificare.

Infine, in un mondo globalizzato, le barriere geografiche sono cadute e siamo costantemente esposti a diverse culture, ideologie e modi di pensare. Questo ha reso il mondo più complesso, ma anche più ricco e vario. La capacità di lavorare in contesti multiculturali e di comprendere prospettive diverse è diventata essenziale. Ecco dove la formazione, in particolare, può giocare un ruolo cruciale, fornendo strumenti e metodi per navigare con successo in questo nuovo paesaggio globale, mentre il coaching può aiutare a riflettere su come applicare queste nuove conoscenze in modo efficace nella vita quotidiana e professionale.

Il coaching e la formazione non sono soltanto processi, ma rappresentano anche una filosofia, un approccio alla vita e al lavoro che valorizza l'apprendimento continuo, l'auto-consapevolezza e la crescita. Nel contesto moderno, questi due elementi si intrecciano profondamente con altri concetti chiave come la resilienza, l'agilità mentale e l'empowerment individuale.
Il coaching, per esempio, ha ampliato la sua portata ben oltre la tradizionale figura dell'executive coach o del life coach. Esistono ora nicchie specializzate, come il coaching di salute, il coaching finanziario e il coaching per la genitorialità, solo per citarne alcuni. Questa diversificazione rispecchia la complessità e la varietà delle sfide che le persone affrontano nel loro quotidiano. In un'epoca in cui l'accesso alle informazioni è senza precedenti, ciò che spesso manca è la capacità di filtrare, interpretare e applicare queste informazioni in modo significativo. E qui il coaching si dimostra prezioso: fornisce un contesto in cui l'individuo può esplorare opzioni, definire priorità e creare piani d'azione basati non solo su informazioni, ma anche su intuizioni personali.

D'altro canto, la formazione, tradizionalmente vista come un'attività strutturata e spesso formale, ha subito trasformazioni radicali grazie alla tecnologia. L'emergere di piattaforme di apprendimento online, MOOC (Massive Open Online Courses) e l'approccio della micro-formazione ha democratizzato l'accesso alla formazione. Non si tratta più solo di aule e seminari, ma di podcast, webinar, video tutorial e una miriade di altri formati che si adattano a stili di apprendimento diversi e a ritmi di vita frenetici.

Un altro aspetto da considerare è l'importanza crescente della "soft skills" o competenze trasversali. Mentre le competenze tecniche rimangono fondamentali, le competenze come l'intelligenza emotiva, la comunicazione, la capacità di problem solving e la leadership sono diventate sempre più cruciali nel panorama lavorativo moderno. Il coaching spesso si focalizza su queste aree, aiutando le persone a sviluppare una maggiore consapevolezza di sé e a migliorare le interazioni con gli altri. Parallelamente, la formazione inizia a riconoscere l'importanza di questi aspetti, integrando metodi e strumenti per sviluppare non solo la mente, ma anche il cuore e l'anima. Questo è particolarmente evidente nell'emergere di programmi di formazione che si concentrano sul benessere, la mindfulness e la gestione dello stress.

Inoltre, viviamo in un'epoca di re-invenzione. Mentre le generazioni precedenti potevano aspettarsi di intraprendere una singola carriera per la maggior parte della loro vita lavorativa, oggi è comune cambiare carriera molteplici volte. Questo può essere sia emozionante che travolgente. Ecco dove il coaching e la formazione si mostrano particolarmente utili, guidando le persone attraverso queste transizioni, fornendo loro strumenti per ricalibrarsi, riscoprirsi e reimparare.
Il concetto di lifelong learning, o apprendimento continuo, non è mai stato così rilevante. La rapidità con cui le industrie si evolvono, la tecnologia avanza e le società cambiano ha portato a un punto in cui l'apprendimento non può più essere confinato ai banchi di scuola o all'università. Deve essere integrato in ogni fase della vita. In questo scenario in continua evoluzione, il coaching e la formazione rappresentano faro e bussola, illuminando il percorso e guidando attraverso le acque spesso tumultuose del mondo moderno.

Concludendo, è essenziale sottolineare quanto il coaching e la formazione siano fondamentali non solo come strumenti di crescita professionale, ma anche come pilastri di sviluppo personale nel complesso tessuto della società contemporanea.
Il coaching, nella sua essenza, non rappresenta solo un metodo per affrontare sfide o raggiungere obiettivi specifici, ma un vero e proprio viaggio di autoscoperta. Permette all'individuo di comprendere profondamente i propri valori, aspirazioni e potenziali barriere, dando spazio a una crescita non solo orientata alla performance ma anche, e soprattutto, alla realizzazione di sé.
In un mondo sovraffollato di stimoli e informazioni, il coaching rappresenta una bussola interna, guidando le persone attraverso decisioni, transizioni e trasformazioni.
La formazione, d'altro canto, non è più solamente l'acquisizione di nuove competenze o conoscenze, ma la continua evoluzione dell'individuo in risposta a un ambiente in perpetua mutazione. Si tratta di un impegno a lungo termine nei confronti dell'apprendimento, riconoscendo che l'adattabilità e la flessibilità sono qualità fondamentali in un mondo in cui l'unico costante è il cambiamento. La formazione, in questo contesto, diventa un investimento continuo nell'individuo, garantendo che sia sempre

preparato, pertinente e pronto ad affrontare le sfide emergenti.

Unendo coaching e formazione, abbiamo un potente binomio che riconosce e valorizza l'unicità di ogni individuo, fornendo gli strumenti per navigare in un mondo complesso e, allo stesso tempo, facilitando un percorso di crescita e sviluppo che va ben oltre le tradizionali definizioni di successo. Questi due elementi, se ben integrati nella vita di una persona, possono trasformarsi in potenti alleati, spalancando le porte a infinite possibilità, promuovendo un senso di appagamento e realizzazione e garantendo che ogni individuo non solo si adegui al mondo moderno, ma prosperi e fiorisca al suo interno.

2. Storia del Coaching: Una breve panoramica di come e quando è nato il coaching e la sua evoluzione nel tempo.

## 2. Storia del Coaching: Una breve panoramica

La storia del coaching, pur avendo radici antiche, è relativamente giovane nel suo riconoscimento formale e nella sua applicazione come pratica professionale. Ecco una breve panoramica della sua genesi e della sua evoluzione nel tempo.

**Origini**: La parola "coach" deriva dal termine medio inglese "coche", che si riferisce a un veicolo, metafora di un mezzo che trasporta una persona da un punto A a un punto B. Nel contesto moderno, il termine si è evoluto per indicare un facilitatore che aiuta qualcuno a passare da uno stato corrente a uno stato desiderato. Sebbene il termine sia relativamente nuovo, l'idea di un mentore o di una guida è antica e si può trovare in molte culture e tradizioni, dai filosofi greci ai maestri spirituali dell'oriente.

**Primi sviluppi nel XX secolo**: Il coaching come lo conosciamo oggi ha iniziato a prendere forma nel XX secolo, in particolare negli anni '60 e '70. Inizialmente legato al mondo dello sport, dove il coach era visto come colui che aiutava gli atleti a ottimizzare le loro performance, il concetto ha iniziato ad essere applicato anche in altri ambiti, in particolare nel mondo degli affari.

**L'avvento del coaching esecutivo**: Negli anni '80 e '90, il coaching ha iniziato a guadagnare popolarità nel mondo corporativo. Le aziende hanno iniziato a vedere il valore di avere coach per i loro dirigenti, non solo per affrontare problemi specifici ma anche per sviluppare le loro leadership e capacità di gestione. Questa è stata la nascita del "coaching esecutivo".

**L'espansione del life coaching**: Alla fine degli anni '90 e all'inizio del 2000, il coaching ha iniziato ad espandersi oltre il mondo degli affari. Il "life coaching", che si concentra sulla vita personale degli individui e sul raggiungimento degli obiettivi personali, ha iniziato a guadagnare popolarità. Questa espansione ha portato a una diversificazione delle specializzazioni, tra cui coaching di carriera, coaching di salute, coaching di relazione e molti altri.

**Formazione e certificazione**: Con l'esplosione della popolarità del coaching, è diventato evidente il bisogno di stabilire standard professionali e etici. Organizzazioni come l'International Coach Federation (ICF) sono state fondate per definire questi standard, offrendo formazione e certificazione a coach in tutto il mondo.

**Oggi**: Il coaching è ora riconosciuto come una professione a sé stante, con metodologie, principi etici e standard di pratica ben definiti. La sua applicazione si estende attraverso una miriade di settori e discipline, e il suo impatto è visto a livello individuale, organizzativo e sociale.

In conclusione, la storia del coaching è quella di una pratica che, pur avendo radici antiche, ha trovato la sua vera forma e applicazione in tempi relativamente recenti, evolvendosi in risposta alle complessità e sfide del mondo moderno.

L'interesse crescente verso il coaching ha coinciso con una serie di cambiamenti socio-culturali e economici nel corso degli ultimi decenni. Ad esempio, l'avvento della globalizzazione e l'accelerazione del ritmo dei cambiamenti tecnologici hanno creato un ambiente lavorativo più competitivo, in cui la capacità di adattarsi rapidamente e di sviluppare competenze interpersonali è diventata fondamentale. In questo contesto, il coaching è emerso come uno strumento essenziale per affrontare sfide sia personali che professionali, guidando gli individui a navigare in ambienti in continua evoluzione.

Allo stesso tempo, la crescente consapevolezza dell'importanza del benessere mentale e dell'equilibrio tra lavoro e vita privata ha fatto sì che sempre più persone cercassero supporto non solo per obiettivi professionali, ma anche per questioni personali, come la gestione dello stress, le relazioni e la realizzazione personale. Questa spinta verso l'auto-miglioramento ha ampliato notevolmente il campo del coaching, rendendolo uno strumento di supporto fondamentale per individui di ogni estrazione.

Al di là del contesto professionale, il coaching ha iniziato a trovare applicazione in settori diversi,

come l'istruzione. Ad esempio, il coaching pedagogico è diventato un metodo popolare per sostenere gli insegnanti e gli studenti nel loro percorso di apprendimento. Similmente, il coaching è stato adottato nel settore sanitario, con l'obiettivo di supportare pazienti e professionisti nella gestione di malattie croniche o nella realizzazione di stili di vita più sani.
Un altro elemento significativo nella storia del coaching è l'influenza delle scienze comportamentali. Con l'avanzamento delle ricerche in psicologia, neuroscienze e scienze sociali, il coaching ha integrato numerose scoperte per raffinare le sue tecniche e metodi. Questa intersezione tra scienza e pratica ha portato alla nascita di nuovi approcci e tecniche, come il coaching basato sulla mindfulness o il coaching neuro-cognitivo, che si basano su principi scientifici per migliorare l'efficacia delle sessioni.

Il digitale ha avuto un impatto significativo anche sull'accessibilità del coaching. Con l'avvento di piattaforme online e applicazioni di coaching, l'accesso a questa pratica non è più limitato da barriere geografiche o economiche. Chiunque, ovunque si trovi, può ora connettersi con un coach, rendendo la professione più inclusiva e democratizzata.

La complessità e la diversità delle sfide moderne hanno, inoltre, portato alla nascita di nuove specializzazioni. Oltre al già citato life coaching e coaching esecutivo, oggi esistono sottocategorie come il coaching culturale, focalizzato sull'assistenza di individui o gruppi che attraversano sfide legate alla diversità culturale, o il coaching sistemico, che si concentra sull'interazione tra individui all'interno di un sistema, come una famiglia o un'organizzazione. In parallelo all'espansione del coaching, è emersa anche una maggiore necessità di riflessione critica sulla pratica. La domanda su cosa rende un coach efficace e come misurare l'efficacia del coaching è diventata centrale, dando vita a una serie di studi e ricerche che mirano a quantificare e comprendere gli effetti e i benefici di questa disciplina.

Il coaching, come disciplina, ha tratto ispirazione da molte correnti filosofiche e psicologiche nel corso degli anni. La sua natura interdisciplinare ha permesso di creare un mosaico di approcci e tecniche che arricchiscono la professione. Ad esempio, il pensiero positivo, derivato dalla psicologia positiva, ha portato a metodi di coaching che si concentrano sul potenziamento delle forze e delle capacità individuali piuttosto che sulla correzione delle debolezze.

L'approccio olistico, che considera l'individuo nella sua interezza - mente, corpo e spirito - ha influenzato profondamente la pratica del coaching. Questa visione olistica ha portato a considerare non solo gli obiettivi e le aspirazioni di una persona, ma anche i suoi valori, le sue credenze e il suo benessere generale. Questo ha permesso ai coach di avere un impatto più profondo e duraturo sui loro clienti, poiché lavorano per allineare gli obiettivi personali e professionali con un senso di scopo e significato più ampio.

La rapida crescita dell'intelligenza emotiva come campo di studio ha avuto un impatto significativo sul coaching. Riconoscendo l'importanza delle emozioni nel processo decisionale, nella motivazione e nelle relazioni interpersonali, molti coach hanno adottato strumenti e tecniche per aiutare i clienti a sviluppare una maggiore consapevolezza e regolazione emotiva. Questo ha permesso di affrontare sfide come la gestione dei conflitti, la leadership empatica e la resilienza emotiva.

Un altro settore che ha influenzato profondamente il coaching è l'avanzamento della tecnologia e la digitalizzazione. Gli strumenti digitali hanno permesso di monitorare i progressi, di stabilire obiettivi e di comunicare in modo più efficiente tra coach e cliente. Piattaforme online, applicazioni dedicate e realtà virtuale stanno rivoluzionando il modo in cui il coaching viene offerto e consumato. Inoltre, con la crescente popolarità dei wearable tech e delle app di monitoraggio, i coach possono ora accedere a dati in tempo reale sulla salute, sullo stress e sulle abitudini di vita dei clienti, permettendo un approccio ancora più personalizzato.

Con l'incremento della globalizzazione, il coaching interculturale è diventato un campo fondamentale. Questo approccio si concentra sul superamento delle barriere culturali e linguistiche e sulla comprensione delle sfide uniche che gli individui affrontano quando operano in contesti multiculturali. Questo è particolarmente rilevante per i leader aziendali, i team globali e chiunque si sposti tra diverse culture per lavoro o per scelta personale.

Il crescente interesse verso la sostenibilità e l'etica ha anche permeato il campo del coaching. Sempre più coach si stanno specializzando in coaching per la sostenibilità, aiutando le organizzazioni e gli individui a prendere decisioni allineate con principi etici e sostenibili. Questo non riguarda solo l'ambiente, ma anche temi come la giustizia sociale, l'equità e l'inclusione.

Infine, con la crescente consapevolezza dei problemi di salute mentale e del benessere, il coaching sta diventando uno strumento di supporto essenziale non solo per chi cerca di migliorare le performance, ma anche per chi cerca equilibrio, benessere e appagamento nella vita quotidiana. Questa evoluzione del coaching riflette la crescente complessità dei problemi moderni e la necessità di approcci olistici e integrati per affrontarli.

La storia del coaching è un viaggio attraverso il tempo e la cultura, che rispecchia sia le sfide emergenti del mondo contemporaneo che la risposta resiliente e innovativa dell'essere umano. L'evoluzione del coaching è strettamente legata all'emergere di nuove necessità individuali e collettive e alle trasformazioni socio-culturali che hanno caratterizzato gli ultimi decenni. Dall'origine del termine, che prendeva spunto dal mondo dello sport e dalla necessità di migliorare le performance atletiche, il coaching ha percorso una strada lunga e articolata, evolvendosi in risposta ai bisogni di un mondo in continua mutazione. L'integrazione di teorie e prassi provenienti da diverse discipline ha arricchito la pratica del coaching, rendendola una professione complessa e interdisciplinare. Dalla psicologia alla neuroscienza, dalla filosofia alla sociologia, ogni nuova prospettiva ha contribuito a modellare e raffinare le tecniche e gli approcci utilizzati dai coach.

Il coaching non si limita più al mero miglioramento delle prestazioni o al raggiungimento di obiettivi specifici; si è trasformato in un mezzo attraverso il quale gli individui possono esplorare il proprio potenziale, affrontare sfide personali e professionali, e cercare un significato più profondo nella loro esistenza. Il coaching, nella sua essenza, non riguarda solo l'individuo, ma la società nel suo complesso, offrendo uno spazio per la riflessione, l'apprendimento e la crescita.

L'adattabilità e la flessibilità del coaching sono state fondamentali per la sua espansione globale. In un mondo dove la globalizzazione, la tecnologia e le sfide socio-culturali continuano a ridefinire i confini e le relazioni, il coaching si presenta come una bussola, aiutando le persone a navigare in acque sconosciute e ad adattarsi a nuovi contesti.

In conclusione, il coaching, con le sue radici profonde e la sua capacità di rinnovarsi, rimane una testimonianza della resilienza e della capacità umana di cercare continuamente crescita e sviluppo. È una pratica che risponde alle esigenze di un'epoca, ma che è, al tempo stesso, senza tempo, poiché tocca le questioni fondamentali dell'esistenza umana: chi siamo, dove andiamo e come possiamo realizzare la migliore versione di noi stessi in un mondo in continuo cambiamento.

3. I Fondamenti della Comunicazione: La comprensione di ascolto attivo, feedback costruttivo e domande efficaci.

**I Fondamenti della Comunicazione: La comprensione di ascolto attivo, feedback costruttivo e domande efficaci.**

La comunicazione è un pilastro essenziale del coaching. Senza una comunicazione efficace, è quasi impossibile stabilire un rapporto di fiducia, capire le esigenze del cliente e guidarlo verso i suoi obiettivi. In questo contesto, tre componenti emergono come fondamentali: l'ascolto attivo, il feedback costruttivo e la capacità di formulare domande efficaci.

**1. Ascolto Attivo:** L'ascolto attivo va ben oltre il semplice sentire ciò che l'altro dice. Implica una vera e propria immersione nella conversazione, mettendo da parte distrazioni, pregiudizi e presupposti personali. L'obiettivo è comprendere pienamente il messaggio del parlante, cogliendo non solo le parole, ma anche le emozioni, i sottotesti e le intenzioni sottostanti. Ciò richiede una presenza totale e la capacità di riflettere ciò che si è sentito, offrendo al parlante la conferma che è stato compreso a fondo.

**2. Feedback Costruttivo:** Il feedback è un elemento essenziale del processo di coaching. Tuttavia, per essere efficace, il feedback deve essere presentato in modo costruttivo. Ciò significa che dovrebbe mirare non solo a evidenziare aree di miglioramento, ma anche a riconoscere i punti di forza e a fornire suggerimenti pratici su come fare progressi. Un feedback costruttivo dovrebbe essere:

- **Specifico:** Evita generalizzazioni e sii preciso su ciò che hai osservato.
- **Equilibrato:** Combina feedback positivi con suggerimenti di miglioramento.
- **Tempestivo:** Fornisci feedback il più presto possibile dopo l'evento o la situazione in questione.
- **Rispettoso:** Evita giudizi e assicurati che il tuo feedback venga presentato in modo rispettoso e supportivo.

**3. Domande Efficaci:** Nel coaching, le domande sono spesso più potenti delle risposte. Una domanda efficace può aprire nuove prospettive, sfidare credenze limitanti e stimolare profonde riflessioni. Alcune caratteristiche delle domande efficaci includono:

- **Apertura:** Le domande aperte, che non possono essere risposte con un semplice "sì" o "no", stimolano la riflessione e la discussione.
- **Rilevanza:** La domanda dovrebbe essere pertinente all'argomento di discussione e aiutare il cliente a avanzare verso i suoi obiettivi.
- **Chiarezza:** Evita domande complesse o che contengono presupposti nascosti. La chiarezza è essenziale per evitare confusioni.
- **Neutralità:** Le domande dovrebbero essere formulate in modo non giudicante, permettendo al cliente di esplorare le proprie risposte senza sentirsi guidato o influenzato.

In sintesi, la comunicazione nel coaching non è solo uno scambio di informazioni, ma un'arte che richiede empatia, attenzione e competenza. L'ascolto attivo, il feedback costruttivo e le domande efficaci sono strumenti essenziali che ogni coach dovrebbe padroneggiare per garantire interazioni significative e produttive con i propri clienti. Attraverso una comunicazione efficace, si crea un ambiente di fiducia e di supporto, in cui il cliente può sentirsi compreso, valorizzato e motivato a crescere e cambiare.

La capacità di comunicare efficacemente è una delle abilità più potenti che un coach possa possedere. Ma, per comprendere appieno il suo valore, dobbiamo guardare oltre le tecniche e penetrare nel cuore stesso della comunicazione. Quando un coach si impegna in una conversazione, non si tratta solo di parole scambiate; è un'interazione energetica, una danza tra due esseri umani che cercano comprensione, chiarezza e connessione. Questa connessione può essere profondamente influenzata dalla nostra consapevolezza non solo di ciò che diciamo, ma di come lo diciamo, e dell'ambiente in cui avviene la comunicazione. Per esempio, la tonalità, il ritmo e il volume della nostra voce possono influenzare profondamente come viene ricevuto un messaggio. Una voce calma e rassicurante può creare un ambiente di sicurezza e fiducia, mentre un tono severo o impaziente può erigere barriere e creare difese. I coach esperti sviluppano una consapevolezza acuta di queste sfumature e le utilizzano a loro vantaggio, adattando il loro approccio comunicativo a seconda delle esigenze del cliente.

Oltre alla voce, il linguaggio del corpo svolge un ruolo cruciale nella comunicazione. Gli studi hanno dimostrato che una grande percentuale della nostra comunicazione non è verbale. Un contatto visivo stabile, una postura aperta e l'orientamento del corpo verso il parlante sono tutti segni di attenzione e interesse. Al contrario, un contatto visivo evitato, bracci incrociati o uno sguardo distratto possono inviare messaggi di disinteresse o difesa. Essere consapevoli di questi segnali e utilizzarli intenzionalmente può migliorare significativamente la qualità della comunicazione.

Oltre a ciò, il luogo in cui avviene la comunicazione può avere un impatto notevole. Un ambiente tranquillo, confortevole e privo di distrazioni è ideale per le sessioni di coaching. Questo può aiutare sia il coach che il cliente a concentrarsi sulla conversazione, riducendo le distrazioni e creando un'atmosfera di riservatezza e sicurezza.

Un altro elemento spesso trascurato nella comunicazione è il tempo. La pazienza e il permettere spazi di silenzio possono essere incredibilmente potenti. Non tutti i momenti di una conversazione necessitano di parole; a volte, il silenzio offre uno spazio di riflessione, permettendo al cliente di elaborare i propri pensieri e sentimenti.

Inoltre, la capacità di empatizzare, di mettersi nei panni dell'altro, è fondamentale per un coach. L'empatia non significa semplicemente comprendere ciò che l'altro sta provando, ma sentirlo come se fosse il proprio. Questo livello di comprensione può aiutare a costruire un legame profondo e autentico, e può servire come fondamenta solida per una relazione di coaching di successo.

In un mondo sempre più digitalizzato, anche le piattaforme di comunicazione giocano un ruolo. Sebbene la comunicazione faccia a faccia sia spesso preferibile, la videoconferenza, la chat e altre forme di comunicazione digitale hanno la loro importanza. Ogni forma ha i suoi vantaggi e limiti, e la scelta della piattaforma più appropriata può influenzare l'efficacia della comunicazione.

La comunicazione, come sottolineato, non è solo uno scambio di parole ma una sinfonia di segnali verbali e non verbali che coesistono in un intricato balletto di espressioni, intonazioni e gesti. Ma c'è ancora di più sotto la superficie. Pensiamo alle barriere culturali e linguistiche. Viviamo in un mondo globalizzato, e i coach potrebbero trovarsi a lavorare con individui provenienti da culture e background diversi. Comprendere le differenze culturali e le sfumature linguistiche è fondamentale. Ad esempio, in alcune culture, mantenere un contatto visivo prolungato potrebbe essere considerato inappropriato o aggressivo, mentre in altre potrebbe essere interpretato come un segno di sincerità e onestà. Allo stesso modo, certi gesti potrebbero avere significati diversi in diverse culture. Un coach efficace dovrebbe essere attento a queste differenze e disposto a educarsi su di esse.

Inoltre, la psicologia della comunicazione offre profonde intuizioni sulle dinamiche interpersonali. Le persone non rispondono solo al contenuto di ciò che viene detto, ma anche a come viene percepito il messaggio a livello subconscio. Ad esempio, la teoria dell'attribuzione suggerisce che le persone cercano costantemente di dare un significato al comportamento altrui. Se un coach dà feedback in un modo che può essere percepito come critico, un cliente potrebbe attribuire quell'atteggiamento a una percezione negativa di sé, piuttosto che come un tentativo costruttivo di aiuto.

Le emozioni, naturalmente, giocano un ruolo cruciale. L'intelligenza emotiva, definita come la capacità di riconoscere, comprendere e gestire le proprie emozioni e quelle degli altri, è un'abilità preziosa nel coaching. Capire le emozioni del cliente, riconoscere le proprie reazioni emotive e regolarle può fare la differenza tra una sessione di coaching produttiva e una meno efficace.

Le parole stesse possono avere diverse sfumature di significato. La semantica, lo studio del significato, ci dice che le parole non sono semplici etichette per le cose, ma portano con sé interi mondi di connotazioni, associazioni e interpretazioni. Un coach esperto sa che le parole possono essere potenti strumenti di trasformazione, ma anche potenziali mine terrestri se mal comprese o usate inappropriatamente.

Consideriamo, ad esempio, il ruolo delle metafore nella comunicazione. Le metafore non sono solo figure retoriche, ma potenti strumenti cognitivi che strutturano il nostro pensiero. Quando un cliente dice di sentirsi "intrappolato" in una situazione, non sta solo usando una frase colorita: sta esprimendo una profonda sensazione emotiva attraverso una lente metaforica. Rispondere a questa metafora, magari aiutando il cliente a trovare un modo per "liberarsi", può essere un approccio efficace. Allo stesso modo, la neurolinguistica, una disciplina che esplora l'interfaccia tra linguaggio e cervello, ha offerto molte intuizioni utili sulle strategie di comunicazione. Ad esempio, si è scoperto che le persone hanno diverse "modalità preferenziali" di elaborazione dell'informazione: visiva, uditiva o cinestesica. Adattare la comunicazione a queste preferenze può migliorare notevolmente la comprensione e la connessione.

In definitiva, ogni aspetto della comunicazione, dalla parola scelta, al tono, al contesto, alla cultura e alla psicologia, contribuisce a costruire o a rompere la connessione tra coach e cliente. Essere consapevoli di questa vasta rete di fattori e navigarvi con competenza è una delle sfide, ma anche una delle gioie, dell'arte del coaching.

La comunicazione, essendo il pilastro centrale del coaching, non è un mero strumento utilizzato per trasmettere messaggi; è un'arte raffinata e complessa che esige una profonda comprensione e pratica. Considerando i vari aspetti discussi, possiamo trarre alcune conclusioni fondamentali.

1. **Natura Multifaccettata della Comunicazione:** Ogni interazione tra coach e cliente è una fusione di verbale e non verbale, conscio e inconscio, culturale e individuale. Questa ricchezza e complessità richiedono una consapevolezza costante da parte del coach per garantire una comunicazione efficace.

2. **Empatia e Ascolto Attivo:** L'abilità di un coach di immergersi nel mondo emotivo del cliente, di ascoltare senza giudizio e di comprendere profondamente è fondamentale. Questo non solo costruisce un ambiente di

fiducia, ma consente anche al cliente di esplorare e comprendere i propri sentimenti e pensieri in un contesto sicuro.

3. **Cognizione e Linguaggio:** La comprensione delle complesse dinamiche tra pensiero e linguaggio può aiutare il coach a guidare il cliente attraverso i processi di auto-riflessione e scoperta. Sfruttando le conoscenze della semantica e della neurolinguistica, il coach può adattare la sua comunicazione per massimizzare la chiarezza e la risonanza.

4. **Culturalmente Sensibile:** In un mondo globalizzato, è essenziale che il coach sia culturalmente competente, rispettando e valorizzando le diversità e le sfumature culturali. Questa consapevolezza previene malintesi e promuove una relazione di coaching veramente inclusiva.

5. **Ambiente e Strumenti:** La scelta di un ambiente appropriato, sia fisico che digitale, e l'uso efficace degli strumenti di comunicazione, possono potenziare o ostacolare la comunicazione. Da videochiamate chiare a spazi tranquilli per le sessioni, ogni dettaglio ha un impatto sulla qualità dell'interazione.

6. **Formazione Continua:** La formazione non è un evento singolo, ma un percorso. Poiché la comunicazione è dinamica e in continua evoluzione, i coach devono impegnarsi in un

apprendimento continuo per rimanere aggiornati e affinare le loro capacità.
In conclusione, la comunicazione nel coaching non è solo una funzione, ma una disciplina in sé. Essa richiede un impegno profondo per la comprensione, l'apprendimento e la pratica. Un coach che domina l'arte della comunicazione è non solo un facilitatore, ma anche un alleato, un mentore e uno specchio per il cliente, sostenendolo nel suo viaggio di crescita e trasformazione.

4. Il Ruolo del Coach: Quali sono le responsabilità, le attitudini e le competenze richieste per essere un buon coach.

Il ruolo del coach è multiforme, sfaccettato e in costante evoluzione a seconda del contesto e delle esigenze del cliente. È un ruolo che va ben oltre l'atto di fornire consigli o direttive, richiedendo una profonda comprensione di sé, del cliente e del processo di coaching. Ecco alcuni aspetti chiave associati al ruolo del coach:

1. **Facilitatore del Cambiamento:** Uno dei compiti principali di un coach è facilitare un cambiamento positivo, sostenendo il cliente nel suo percorso di auto-scoperta, crescita personale e professionale. Ciò implica creare un ambiente sicuro e di supporto in cui il cliente può

esplorare, riflettere e prendere decisioni informate.

2. **Ascoltatore Attivo:** La capacità di ascoltare attivamente, catturando non solo le parole ma anche le emozioni, le sfumature e ciò che non viene detto, è fondamentale. L'ascolto attivo consente al coach di comprendere profondamente il cliente e di fornire feedback e orientamenti pertinenti.

3. **Guida Non Direttiva:** A differenza di un consulente o di un mentore, un coach si astiene in genere dal dare consigli diretti. Invece, attraverso domande potenti e tecniche di facilitazione, aiuta il cliente a trovare le proprie risposte e soluzioni.

4. **Conoscenza di Sé:** Un buon coach è profondamente consapevole delle proprie emozioni, pregiudizi e trigger. Questa autoconsapevolezza previene proiezioni involontarie sul cliente e assicura che il processo di coaching rimanga centrato sul cliente.

5. **Confidenzialità:** Mantenere la riservatezza delle informazioni condivise durante le sessioni di coaching è essenziale per costruire fiducia e integrità nella relazione.

6. **Capacità di Adattamento:** Ogni cliente è unico, con diverse sfide, obiettivi e contesti. Un coach efficace sa adattare il suo approccio, stile e tecniche alle esigenze individuali del cliente.

7. **Formazione Continua:** L'ambito del coaching è in continua evoluzione, con nuove ricerche, tecniche e metodologie. Un coach dedicato si impegna in un apprendimento continuo per rimanere all'avanguardia nella sua professione.

8. **Capacità di Stabilire Limiti:** Mentre il coaching può toccare aspetti profondamente personali e emotivi, un coach sa dove tracciare la linea, riconoscendo quando è necessario indirizzare un cliente verso altri professionisti, come terapeuti o consulenti.

9. **Empatia e Compassione:** Essere in grado di mettersi nei panni del cliente, comprenderne le sfide e sostenere senza giudizio è fondamentale per un coaching efficace.

10. **Etica e Integrità:** Operare con i più alti standard etici, rispettando codici di condotta professionali, garantisce che il coaching avvenga in un contesto di rispetto, onestà e professionalità.

In sintesi, il ruolo del coach è complesso e multidimensionale. Richiede un mix di competenze tecniche, empatia, autoconsapevolezza e dedizione alla crescita personale e professionale. Un buon coach non è solo un esperto nel suo campo, ma anche un compagno di viaggio fidato che accompagna il cliente nel suo percorso di trasformazione e realizzazione.

Il coach, in effetti, ha un ruolo che si snoda attraverso una vasta gamma di sfaccettature, molte delle quali si intrecciano tra loro in maniera intrinseca. Per affrontare profondamente la natura di tale ruolo, dobbiamo considerare diversi elementi che vanno oltre le competenze base e le responsabilità primarie.

Il coach come **specchio riflettente**: in molti frangenti, il coach agisce come uno specchio, riflettendo le parole, le emozioni e i comportamenti del cliente. Questa riflessione permette al cliente di vedere sé stesso da una prospettiva esterna, offrendo spesso intuizioni che potrebbero non emergere altrimenti. In questo senso, il coach non solo ascolta, ma anche "ritorna" ciò che riceve in modo che il cliente possa vedere più chiaramente la propria immagine.

Un altro aspetto chiave del ruolo del coach riguarda la **gestione del tempo**. Un coach deve sapere come gestire le sessioni in modo che siano produttive e focalizzate, ma senza far sentire il cliente sotto pressione o affrettato. La tempistica, la pazienza e l'attesa possono essere altrettanto potenti quanto le domande e le osservazioni.

La **rete di supporto** di un coach è un altro elemento fondamentale. Anche se durante le sessioni il focus è sul cliente, un coach efficace sa anche quando e come cercare supporto, supervisione e feedback per se stesso. Questo può includere la partecipazione a gruppi di supervisione di coaching, la ricerca di mentorato o la semplice condivisione con colleghi per ottenere diverse prospettive.

L'importanza della **curiosità** nel coaching non può essere sottolineata abbastanza. Un coach curioso pone domande non solo per ottenere risposte, ma per esplorare, sondare e scoprire insieme al cliente. Questa curiosità genuina può illuminare aree inesplorate della vita del cliente, aprendo nuove vie di riflessione e azione.

**La resilienza e l'auto-cura** sono anche componenti fondamentali del ruolo del coach. Essere un coach può essere emotivamente esigente. Ascoltare, empatizzare e sostenere gli altri richiede energia. Pertanto, è fondamentale che un coach abbia strategie e pratiche di auto-cura, garantendo che possano sostenere se stessi mentre sostengono i loro clienti.

Da non dimenticare è anche la capacità del coach di **celebrare**. Celebrare le vittorie, grandi e piccole, insieme al cliente, può avere un impatto profondo. Non si tratta solo di riconoscere un obiettivo raggiunto, ma di condividere la gioia, l'entusiasmo e la gratitudine per il percorso intrapreso e per la crescita realizzata.

Infine, un coach deve anche avere una profonda comprensione della **dinamica del potere**. In ogni relazione di coaching, ci sono dinamiche di potere in gioco – tra coach e cliente, ma anche tra il cliente e il suo ambiente o contesto. Riconoscere, rispettare e navigare in queste dinamiche è essenziale per un coaching equilibrato ed efficace.

Il ruolo del coach si estende inoltre nell'ambito del **rapporto con i propri limiti e capacità**. Ogni coach deve riconoscere quando una determinata situazione o cliente supera le proprie competenze. Ad esempio, se un cliente presenta problemi clinici di salute mentale, un coach deve avere la consapevolezza e l'umiltà di indirizzarlo verso professionisti più qualificati, come psicologi o psichiatra.
In aggiunta, la **tecnologia** ha influenzato notevolmente il campo del coaching. Con l'avvento delle piattaforme digitali, molti coach ora conducono sessioni virtuali. Questo richiede una nuova gamma di competenze, come la capacità di creare connessioni profonde attraverso uno schermo e di gestire la tecnologia in modo efficiente senza compromettere l'efficacia della sessione. La confidenzialità e la sicurezza delle informazioni diventano ancor più critiche in questo contesto digitale.

Il coach, nel suo ruolo, deve anche funzionare come un **ponte tra teoria e pratica**. Sebbene il coaching si basi su principi ben stabiliti e metodologie comprovate, ogni situazione con un cliente è unica. Tradurre la teoria in pratica in modo flessibile, adattando gli approcci in base alle necessità individuali, è un'abilità fondamentale.

**L'interdisciplinarità** è un altro aspetto da considerare. I coach spesso traggono ispirazione e tecniche da vari campi come la psicologia, la sociologia, la neuroscienza e persino le arti. La capacità di integrare queste discipline in modo fluido arricchisce l'esperienza di coaching, offrendo una prospettiva più ampia e approcci diversificati.

Un altro punto fondamentale è l'**autenticità**. Essere autentici significa essere veri con se stessi e con il cliente. Ciò non significa condividere ogni dettaglio personale, ma piuttosto agire con integrità, mostrando coerenza tra parole e azioni e essendo presenti in modo genuino durante ogni sessione.

Oltre a ciò, la capacità del coach di **gestire le tensioni e i conflitti** è vitale. A volte, nel percorso di coaching, emergono sfide e tensioni, sia all'interno del cliente sia nella relazione tra coach e cliente. Un coach efficace non elude queste tensioni, ma le affronta con cura, creando uno spazio dove queste possono essere esplorate in modo costruttivo.

La **valutazione e il feedback** sono anche parti cruciali del processo. Oltre a fornire feedback al cliente, un coach deve essere aperto a ricevere feedback, utilizzandolo come opportunità per crescere e migliorare. Questo ciclo di feedback aiuta a mantenere il coaching allineato agli obiettivi e alle esigenze del cliente.

Inoltre, il coaching non avviene in un vuoto. Ogni cliente porta con sé un **contesto culturale, sociale e personale**. Un coach deve essere attrezzato per navigare in queste acque, comprendendo e rispettando le varie influenze che modellano la visione del mondo del cliente. Nel grande schema delle cose, il ruolo del coach è quello di un compagno di viaggio, un facilitatore, e a volte, un catalizzatore. Si tratta di camminare accanto al cliente, offrendo sostegno, ispirazione e, quando necessario, una gentile spinta nella giusta direzione.

Concludendo, il ruolo del coach è multidimensionale e profondamente radicato nella promozione della crescita personale e professionale del cliente. L'arte del coaching si basa su una serie di competenze, principi e valori interconnessi che, quando combinati con attenzione e competenza, possono trasformare in modo significativo la vita delle persone.

Al cuore di questa professione c'è una profonda fiducia nel potenziale umano. Un coach non solo vede una persona per ciò che è, ma anche per ciò che potrebbe diventare. Tale visione, abbinata a tecniche e metodologie specifiche, offre al cliente un percorso sicuro per esplorare, sfidare e superare le proprie barriere interne.

Essere un coach significa anche essere un apprendista perenne. Il campo del coaching è in continua evoluzione, e con esso emergono nuove sfide, nuove tecniche e nuove prospettive. Un coach di successo è colui che, pur rimanendo saldo nelle proprie competenze e principi fondamentali, rimane aperto al cambiamento e all'innovazione, assicurandosi di offrire sempre il meglio ai propri clienti.

La responsabilità etica è un pilastro fondamentale in questo mestiere. Ogni decisione, ogni intervento, ogni parola pronunciata ha un impatto. La consapevolezza di tale impatto e la capacità di agire con integrità, rispetto e compassione sono essenziali per costruire relazioni di coaching autentiche e produttive. Infine, il rapporto tra coach e cliente è un viaggio condiviso, una danza delicata tra ascolto e guida, domanda e risposta, sfida e supporto. In questa relazione, entrambe le parti imparano e crescono. E mentre il cliente può trarre benefici tangibili e trasformativi dal processo, anche il coach viene arricchito da ogni interazione, da ogni storia e da ogni successo condiviso. In questo modo, il coaching diventa non solo una professione, ma una vocazione, un impegno a elevare e illuminare il potenziale umano in ogni sua sfumatura.

5. Strumenti e Tecniche di Coaching: Un'analisi delle varie metodologie e tecniche utilizzate nel coaching.

Il mondo del coaching è vasto e diversificato, con una ricchezza di strumenti e tecniche progettati per supportare i clienti nei loro percorsi di crescita personale e professionale. La scelta degli strumenti e delle tecniche varia in base alla situazione, agli obiettivi del cliente e allo stile e alla formazione del coach. Ecco una panoramica di alcuni degli strumenti e delle tecniche più utilizzati nel coaching:

**1. Domande Potenti:** Sono domande aperte, profonde e riflessive che spingono il cliente a esplorare e a riflettere su se stesso, sui suoi obiettivi e sulle sue sfide. Esempi includono "Cosa vorresti realizzare?" o "Cosa ti impedisce di procedere?"

**2. Ascolto Attivo:** Questa tecnica richiede che il coach ascolti profondamente, non solo a ciò che viene detto, ma anche a ciò che non viene detto, captando le sfumature, le emozioni e le dinamiche sottostanti.

**3. Feedback Costruttivo:** Offrire osservazioni e feedback in modo non giudicante, ma piuttosto come una lente attraverso cui il cliente può vedere se stesso e la sua situazione con maggiore chiarezza.

**4. Goal Setting (Definizione degli Obiettivi):** Aiutare il cliente a stabilire obiettivi chiari, misurabili e raggiungibili, spesso utilizzando metodi come la tecnica SMART (Specifico, Misurabile, Attuabile, Rilevante, Temporizzato).

**5. Ruolo Gioco:** Simulare situazioni o sfide specifiche per aiutare il cliente a sperimentare e a esplorare possibili soluzioni o modi di rispondere.

**6. Visualizzazione:** Guidare il cliente attraverso esercizi di immaginazione per aiutarlo a vedere e a sentire ciò che sarebbe realizzare i suoi obiettivi o superare le sue sfide.

**7. Giornalismo Riflessivo:** Incoraggiare il cliente a scrivere regolarmente sui suoi pensieri, sentimenti e realizzazioni, promuovendo una maggiore consapevolezza e riflessione.

**8. Wheel of Life (Ruota della Vita):** Uno strumento visivo che aiuta i clienti a esaminare e a valutare l'equilibrio e la soddisfazione nelle varie aree della loro vita.

**9. Accountability (Responsabilità):** Creare un impegno tra coach e cliente in cui il cliente si impegna ad agire verso i suoi obiettivi e il coach offre un sostegno strutturato per assicurarsi che ciò avvenga.

**10. Tecniche di Respirazione e Mindfulness:** Utilizzate per aiutare i clienti a centrarsi, ridurre lo stress e aumentare la consapevolezza del momento presente.

**11. Identificazione dei Valori:** Aiutare il cliente a esplorare e a definire i suoi valori fondamentali per guidare decisioni e azioni coerenti.

**12. Analisi delle Credenze Limitanti:** Riconoscere e sfidare le credenze o i pensieri che impediscono al cliente di avanzare o di raggiungere il suo pieno potenziale.

Questi sono solo alcuni degli innumerevoli strumenti e tecniche utilizzati nel coaching. L'efficacia di ogni strumento dipende dalla situazione specifica, dall'obiettivo del cliente e dalla capacità del coach di applicare lo strumento in modo adeguato e sensibile. Ciò che è fondamentale in ogni scenario di coaching è l'adattabilità, l'ascolto e la volontà di vedere ogni cliente come un individuo unico, con bisogni, sfide e potenziali unici. La scelta degli strumenti e delle tecniche dovrebbe sempre servire questa visione centrale.

Continuando a esplorare la vastità degli strumenti e delle tecniche utilizzate nel coaching, ci rendiamo conto che la pratica del coaching, nel suo nucleo, è profondamente influenzata da una combinazione di scienza, arte e intuizione. L'ambito delle metodologie di coaching è in continua evoluzione, con nuovi approcci e tecniche che emergono regolarmente per affrontare le mutevoli sfide e le dinamiche del mondo moderno. Ecco ulteriori dettagli su alcune di queste tecniche:

**Tecniche di Programmazione Neuro-Linguistica (PNL):** La PNL esplora il rapporto tra linguaggio, pensiero e comportamento. Attraverso la PNL, un coach può aiutare il cliente a modellare i suoi modelli mentali, cambiando percezioni e reazioni a determinate situazioni.

**Analisi transazionale:** Questa è una teoria della personalità e della comunicazione sviluppata da Eric Berne. Si concentra sulle "transazioni" o interazioni tra le persone e sugli "stati dell'io" (ad es. Genitore, Adulto, Bambino) che influenzano tali interazioni.

**Tecniche di Somatic Coaching:** Queste tecniche si concentrano sul corpo e su come le sensazioni fisiche e le tensioni possono influenzare il pensiero e il comportamento. Il coaching somatico aiuta il cliente a connettersi con le sue sensazioni corporee come mezzo per accedere a una maggiore consapevolezza e intuizione.

**Esercizi di Grounding:** Questi sono progettati per ancorare il cliente al momento presente, spesso utilizzando tecniche che coinvolgono la consapevolezza fisica, la respirazione o la meditazione.

**Strategie di Autoefficacia:** Centrate sul rafforzamento della convinzione del cliente nella propria capacità di compiere azioni specifiche per ottenere risultati desiderati. Queste tecniche possono includere la riflessione sulle realizzazioni passate o l'identificazione di risorse personali.

**Elicitazione dei Valori e delle Credenze:**
Profonde sessioni di domande progettate per
portare alla luce i valori fondamentali del cliente
e le credenze che possono influenzare le sue
azioni e decisioni.

**Coaching basato sui Punti di Forza:** Questo
approccio si concentra sul riconoscimento, sulla
comprensione e sull'utilizzo dei punti di forza
innati del cliente piuttosto che concentrarsi
esclusivamente su aree di miglioramento.

**Tecniche di Visualizzazione Creativa:**
Guidare il cliente attraverso esercizi
immaginativi per aiutarlo a vedere e a sentire i
suoi obiettivi come se fossero già stati realizzati.

**Mapping o Mappatura:** Creare
rappresentazioni visive delle sfide, dei desideri,
dei percorsi e delle soluzioni del cliente. Questo
può aiutare a chiarire pensieri e opzioni.

**Meditazione e Mindfulness:** Introduzione di
tecniche meditative per aiutare i clienti a
centrarsi, aumentare la consapevolezza e ridurre
lo stress.

Mentre questi strumenti e tecniche sono potenti,
un coach efficace sa quando e come utilizzarli.
Ogni cliente è un individuo unico e ciò che
funziona per uno potrebbe non funzionare per un
altro. Pertanto, la flessibilità, l'adattabilità e una
profonda capacità di ascolto sono essenziali per

assicurarsi che ogni tecnica venga applicata nel modo più appropriato e benefico possibile.

Proseguendo nell'analisi degli strumenti e delle tecniche utilizzate nel coaching, è possibile approfondire ulteriormente le metodologie emergenti e quelle tradizionali che sono state adattate ai tempi moderni.

**Approccio Centrato sulla Soluzione:** Questa metodologia pone l'accento su ciò che il cliente vuole ottenere, piuttosto che sui problemi o sulle sfide che sta affrontando. Concentrandosi sulle soluzioni, i clienti possono spesso trovare percorsi più rapidi e diretti verso i loro obiettivi.

**Tecniche di Storytelling:** La narrazione può essere un potente strumento di auto-esplorazione. Invitando i clienti a raccontare le loro storie, un coach può aiutarli a vedere i temi, le sfide e le opportunità che potrebbero non essere chiaramente evidenti.

**Coaching Generativo:** Questo approccio cerca di creare o generare nuove possibilità o prospettive. Si tratta di guardare oltre le soluzioni ovvie e di esplorare nuovi modi di pensare e di agire.

**Esercizi di Ruolo:** Possono essere utilizzati non solo per simulare situazioni, ma anche per esplorare dinamiche interne e interpersonali. Ad esempio, chiedendo a un cliente di assumere il ruolo di un "critico interno", si possono esplorare autodubbio e resistenze.

**Interventi basati sulla Psicologia Positiva:** Concentrandosi sugli aspetti positivi come gratitudine, ottimismo e resilienza, queste tecniche cercano di costruire un mindset positivo e proattivo.

**Tecniche di Co-coaching:** In alcune situazioni, due coach possono lavorare con un singolo cliente o con un gruppo, offrendo prospettive diverse e complementari.

**Modello GROW:** Uno dei modelli di coaching più famosi, GROW sta per Goal (Obiettivo), Reality (Realtà), Options (Opzioni) e Way Forward (Percorso da Seguire). Serve come struttura per guidare una sessione di coaching.

**Tecniche di Ancoraggio:** Derivate dalla PNL, queste tecniche aiutano il cliente a "ancorare" sentimenti o stati d'animo desiderati, rendendoli più facilmente accessibili in futuro.

**Utilizzo di Metodi di Valutazione:** Strumenti come 360° feedback, test di personalità e altri strumenti di valutazione possono fornire informazioni preziose che guidano il processo di coaching.

**Tecniche basate sull'Intelligenza Emotiva:**
Aiutare i clienti a riconoscere, gestire e utilizzare efficacemente le proprie emozioni e quelle degli altri.

**Coaching Interculturale:** Con un mondo sempre più globalizzato, comprendere e navigare nelle differenze culturali è diventato fondamentale. Questo tipo di coaching aiuta le persone a lavorare e comunicare efficacemente attraverso le barriere culturali.

La profondità e l'ampiezza degli strumenti e delle tecniche di coaching riflettono la complessità e la diversità degli esseri umani che cercano supporto e orientamento. La chiave del successo, per ogni coach, è mantenere un atteggiamento di apprendimento continuo, essere flessibili e reattivi alle esigenze del cliente e sviluppare un'intuitiva capacità di selezionare e applicare l'approccio giusto al momento giusto.

La pratica del coaching, con le sue molteplici tecniche e strumenti, è una testimonianza della complessità dell'esperienza umana e delle sfide che le persone affrontano nella loro crescita personale e professionale. L'evoluzione delle tecniche di coaching riflette non solo la ricerca di efficacia nel sostenere i clienti verso i loro obiettivi, ma anche l'adattamento a un mondo in continua trasformazione.

Ogni tecnica e strumento di coaching ha le sue radici in una combinazione di teorie psicologiche, prassi educative e, in molti casi, antiche pratiche di saggezza. Ciò che è fondamentale, tuttavia, non è la semplice applicazione meccanica di una tecnica, ma la sua integrazione in un processo di coaching che sia contestualmente rilevante, rispettoso e al servizio del cliente. La vera arte del coaching risiede nella capacità del coach di intrecciare insieme questi diversi strumenti in modo armonioso, creando un percorso unico e personalizzato per ogni individuo.
Inoltre, la selezione e l'applicazione di tecniche e strumenti specifici dovrebbero essere guidate da una profonda comprensione e empatia verso il cliente. Mentre un modello come GROW potrebbe funzionare egregiamente con un individuo orientato agli obiettivi, le tecniche di visualizzazione o di meditazione potrebbero essere più appropriate per qualcuno che sta cercando di connettersi con se stesso a un livello più profondo.

L'efficacia del coaching non risiede solo nella padronanza di queste tecniche, ma anche nella relazione tra coach e cliente. La fiducia, l'ascolto attivo e l'empatia sono altrettanto cruciali, se non di più, della tecnica stessa. Poiché ogni cliente porta con sé una matrice unica di esperienze, aspirazioni, sfide e risorse, è imperativo per un coach rimanere flessibile, attento e aperto.

Infine, mentre il panorama degli strumenti di coaching può sembrare vasto e talvolta travolgente, ciò che emerge chiaramente è la centralità del viaggio umano. Che si tratti di superare ostacoli, perseguire passioni, realizzare sogni o semplicemente cercare un senso di equilibrio e appagamento, il coaching, con la sua vasta gamma di strumenti, serve come bussola, illuminando il cammino verso il potenziale inespresso e l'autorealizzazione.

6. Misurare il Successo del Coaching: Come valutare l'efficacia di un percorso di coaching.

## Misurare il Successo del Coaching: Come valutare l'efficacia di un percorso di coaching.

L'efficacia di un percorso di coaching non è solo un indicatore della competenza del coach, ma rappresenta anche un valore tangibile per il cliente. La misurazione del successo in termini di risultati e impatto può rivelarsi una sfida data la natura spesso intangibile dei progressi personali e professionali. Tuttavia, ci sono vari modi e strumenti per valutare l'efficacia del coaching. Vediamoli più nel dettaglio.

1. **Obiettivi Iniziali e Benchmarking:** Prima di iniziare il percorso, è fondamentale definire chiaramente gli obiettivi desiderati. Questi possono riguardare l'acquisizione di nuove competenze, il miglioramento delle performance, la risoluzione di specifici problemi o la realizzazione di obiettivi personali. Avere degli obiettivi ben definiti permette di avere un benchmark contro cui misurare il progresso.

2. **Feedback del Cliente:** Il feedback diretto dal cliente è uno degli indicatori più genuini dell'efficacia del coaching. Attraverso interviste o questionari, il cliente può esprimere come si sente riguardo ai progressi fatti, alle scoperte personali e alle eventuali aree di miglioramento.

3. **Autovalutazione:** Insieme al feedback del cliente, l'autovalutazione da parte del coach può aiutare a identificare aree di forza e di sviluppo nel proprio stile di coaching e nell'approccio adottato.

4. **Valutazioni a 360 Gradi:** Queste valutazioni, che raccolgono feedback da colleghi, superiori, subordinati e talvolta anche da clienti esterni, possono fornire una visione olistica dell'impatto del coaching sul cliente, soprattutto in un contesto professionale.

5. **Misurazioni Quantitative:** Queste potrebbero includere indicatori come l'aumento delle vendite, il miglioramento delle performance

lavorative o altre metriche tangibili che erano tra gli obiettivi del coaching.

6. **Ritorno sull'Investimento (ROI):** In particolare nel coaching aziendale, calcolare l'ROI può aiutare le organizzazioni a comprendere il valore economico dei risultati ottenuti attraverso il coaching.

7. **Valutazioni Comportamentali:** Osservare i cambiamenti nel comportamento del cliente, come un miglioramento nelle competenze di comunicazione, maggiore autostima o nuovi comportamenti produttivi, può fornire un'indicazione del successo del coaching.

8. **Giornali di Riflessione:** Incoraggiare i clienti a tenere un diario delle loro riflessioni e scoperte durante il processo di coaching può offrire sia al cliente sia al coach preziose intuizioni sul progresso e sulla crescita personale.

9. **Seguimento a Lungo Termine:** Riconnettendosi con il cliente dopo mesi o addirittura anni dalla conclusione del percorso di coaching può fornire informazioni sulle modifiche sostenibili e a lungo termine apportate grazie al coaching.

10.     **Comparazione con Norme di Riferimento:** Comparare i risultati del cliente con standard di settore o benchmark può dare una prospettiva sul successo del percorso in relazione ai trend generali o alle aspettative. Valutare l'efficacia del coaching non si tratta solo di misurare il successo, ma anche di comprendere e apprezzare il viaggio intrapreso dal cliente. Ogni individuo è unico e ciò che rappresenta un successo per una persona potrebbe non esserlo per un'altra. Pertanto, è fondamentale adottare un approccio olistico e personalizzato nella valutazione, tenendo sempre presente le aspettative e le esigenze individuali del cliente.

La valutazione del successo del coaching spesso si intreccia con la natura profondamente personale e soggettiva dell'esperienza di ogni individuo. Sebbene gli indicatori quantitativi possano fornire dati tangibili e misurabili, è importante ricordare che la vera essenza del coaching risiede nel viaggio trasformativo del cliente.
Esplorando ulteriormente, possiamo considerare il concetto di "successo" in sé. Nel mondo moderno, il successo è spesso misurato in termini di risultati tangibili, come promozioni, aumenti salariali o traguardi raggiunti. Tuttavia,

nel contesto del coaching, il successo può anche significare una maggiore consapevolezza di sé, un equilibrio tra vita professionale e personale, o semplicemente una maggiore felicità e soddisfazione nella vita quotidiana.

Inoltre, il percorso di coaching può portare a profonde rivelazioni e realizzazioni per il cliente, che possono non riflettersi immediatamente in cambiamenti esteriori. Ad esempio, un cliente potrebbe prendere coscienza di vecchie ferite emotive o pattern comportamentali limitanti e iniziare un lavoro interno di guarigione e trasformazione. Questo tipo di lavoro interiore potrebbe non avere un impatto immediato sulle metriche esteriori, ma può rappresentare un cambiamento profondo e duraturo nella vita del cliente.

Le sessioni di coaching possono anche portare a un cambiamento nell'approccio del cliente alla vita e ai suoi obiettivi. Ciò che una volta era considerato un obiettivo fondamentale potrebbe non sembrare più rilevante dopo una profonda introspezione. Pertanto, misurare il "successo" in termini di obiettivi raggiunti potrebbe non catturare la vera essenza della trasformazione del cliente.

Alcuni clienti potrebbero anche riferire di sentirsi più "presenti", centrati e connessi con se stessi e con gli altri come risultato del coaching. Questi cambiamenti sottili ma profondi nella qualità della presenza e dell'essere potrebbero non essere facilmente misurabili, ma hanno un impatto significativo sulla qualità della vita del cliente.

E poi c'è il concetto di resilienza. Il coaching può aiutare i clienti a sviluppare una maggiore resilienza di fronte alle sfide e agli ostacoli. Questa capacità di affrontare le avversità con forza e grazia può non riflettersi in metriche tangibili, ma rappresenta un cambiamento significativo nella capacità del cliente di navigare nella vita.
Un altro aspetto da considerare è l'effetto a cascata del coaching. Una singola rivelazione o trasformazione in un'area della vita del cliente può avere ripercussioni in molte altre aree, creando un effetto domino di cambiamento positivo.

Infine, c'è da considerare la relazione tra coach e cliente. La qualità di questa relazione può avere un impatto significativo sull'esperienza complessiva del cliente e sui risultati del coaching. Una relazione basata sulla fiducia, sul rispetto e sulla comprensione reciproca può fungere da catalizzatore per profonde trasformazioni.

Dove la misurazione del successo del coaching diventa ancora più complessa è quando ci addentriamo nel dominio delle capacità soft e delle competenze interpersonali. Ad esempio, come si misura l'empatia, la capacità di ascolto o l'intelligenza emotiva? Queste sono tutte aree che il coaching può cercare di sviluppare, ma la loro natura qualitativa rende difficile una misurazione precisa.

Pensiamo alla capacità di un individuo di gestire conflitti. Prima del coaching, un cliente potrebbe evitare attivamente le situazioni di conflitto, scegliendo di ritirarsi o cedere piuttosto che affrontare la situazione. Dopo un efficace percorso di coaching, lo stesso individuo potrebbe sentirsi più equipaggiato per affrontare e risolvere i conflitti in modo costruttivo. Tuttavia, se non si verifica un conflitto immediatamente dopo il percorso di coaching, potrebbe essere difficile misurare questo tipo di progresso. Solo quando il cliente si trova in una situazione di tensione potrà effettivamente dimostrare le nuove competenze acquisite.
Un altro aspetto spesso trascurato nella misurazione del successo del coaching è il livello

di autonomia e autodeterminazione che il cliente sviluppa durante il percorso. Un obiettivo chiave del coaching è spesso aiutare il cliente a diventare più autonomo, consentendogli di prendere decisioni informate e di sentirsi padrone della propria vita. Anche se l'autonomia è un concetto astratto, il suo impatto sulla vita di un individuo è tangibile e significativo. Tuttavia, il modo in cui si manifesta l'autonomia può variare notevolmente da un individuo all'altro e, pertanto, potrebbe non essere facilmente misurabile attraverso metriche standardizzate. Il rapporto tra coach e cliente è, di per sé, un elemento dinamico e in continua evoluzione. Ogni incontro può portare nuove intuizioni e sfide, e la natura della relazione può influenzare in modo significativo i risultati del coaching. Per esempio, un cliente potrebbe sentirsi particolarmente ispirato da un incontro e fare significativi progressi in un breve periodo di tempo, mentre un altro incontro potrebbe portare a riflessioni più profonde che richiedono un periodo di elaborazione più lungo.

La natura ciclica del processo di apprendimento e sviluppo è un altro fattore che può rendere difficile la misurazione del successo del coaching. L'apprendimento non è un processo lineare; piuttosto, gli individui passano spesso attraverso cicli di crescita, riflessione, consolidamento e ulteriore crescita. Questo significa che ci possono essere periodi durante il percorso di coaching in cui sembra che non si stiano facendo progressi, seguiti da momenti di rapido sviluppo e insight. Inoltre, il concetto di "prontezza al cambiamento" è essenziale. Non tutti i clienti sono nello stesso stadio di prontezza quando iniziano un percorso di coaching. Alcuni potrebbero essere altamente motivati e pronti ad agire, mentre altri potrebbero essere ancora nella fase di contemplazione o considerazione. Queste differenze nella prontezza al cambiamento possono influenzare notevolmente il ritmo e l'efficacia del coaching. Un coach esperto riconoscerà dove si trova il cliente nel suo viaggio e adatterà il suo approccio di conseguenza.

Misurare il successo del coaching è un compito complesso che va ben oltre la semplice analisi di risultati tangibili. La profondità e l'ampiezza del cambiamento individuale, l'evoluzione della capacità di riflessione, e la trasformazione interna sono tutte componenti che devono essere prese in considerazione.

Per concludere efficacemente il punto, è essenziale riflettere sulle seguenti considerazioni:

1. **Valutazione Multi-dimensionale**: La misurazione del successo del coaching non può basarsi su un unico indicatore o metrica. Occorre adottare un approccio multi-dimensionale che tenga conto sia degli aspetti quantitativi che qualitativi del cambiamento.

2. **Feedback Continuo**: L'importanza del feedback continuo tra coach e cliente non può essere sottolineata abbastanza. Questo feedback consente una valutazione in tempo reale dell'efficacia del coaching e fornisce informazioni preziose per eventuali aggiustamenti nel processo.

3. **Crescita Personale e Professionale**: Oltre ai progressi tangibili, come il raggiungimento di obiettivi specifici, è essenziale considerare la crescita personale e professionale del cliente. Questa crescita può manifestarsi come maggiore autostima, miglior equilibrio tra vita lavorativa e personale, o maggiore soddisfazione nel lavoro.

4. **Adattabilità**: La capacità del cliente di adattarsi alle nuove sfide, applicando le competenze e le conoscenze acquisite durante il coaching, è un indicatore chiave del successo a lungo termine.

5. **Impatto a Lungo Termine**: Mentre gli effetti immediati del coaching possono essere evidenti, è importante considerare l'impatto a lungo

termine. Come ha influenzato il cliente il coaching nel corso del tempo? Ha portato a cambiamenti sostenibili e duraturi?

6. **Auto-valutazione**: Infine, la percezione del cliente del proprio viaggio e dei progressi compiuti è fondamentale. La loro autovalutazione e riflessione sui cambiamenti interni ed esterni forniscono una visione chiara dell'efficacia complessiva del percorso di coaching.

In sintesi, la valutazione dell'efficacia del coaching richiede un esame attento e olistico, considerando un'ampia gamma di fattori e dimensioni. Mentre i dati quantitativi offrono uno sguardo ai risultati tangibili, è la trasformazione qualitativa, spesso intangibile, dell'individuo che rappresenta il cuore e l'anima del successo del coaching. Affinché il coaching sia veramente efficace, entrambi questi aspetti devono essere riconosciuti, celebrati e integrati nel processo di valutazione.

7. Il Processo di Formazione: Dall'analisi dei bisogni formativi alla valutazione dei risultati.

Il processo di formazione è un percorso strutturato e mirato che coinvolge diverse fasi, dalla definizione dei bisogni formativi alla valutazione dei risultati. Questo percorso è essenziale per garantire che la formazione sia rilevante, efficace e conduca a risultati tangibili e sostenibili.

1. **Analisi dei bisogni formativi**: Questa è la fase di partenza di qualsiasi programma di formazione. Implica una comprensione profonda delle esigenze dell'organizzazione, del gruppo o dell'individuo. Questa fase richiede l'uso di questionari, interviste, osservazioni e altre tecniche di raccolta dati per identificare le competenze esistenti e quelle mancanti.

2. **Definizione degli obiettivi formativi**: Una volta compresi i bisogni, è essenziale stabilire obiettivi chiari e misurabili. Questi obiettivi dovrebbero essere S.M.A.R.T. (Specifici, Misurabili, Attuabili, Rilevanti e Temporizzati) e servire come guida per l'intero processo di formazione.

3. **Progettazione del contenuto formativo**: Questa fase riguarda la creazione del programma di formazione. Ciò include la scelta delle modalità di consegna (ad es. formazione in aula,

e-learning, formazione sul campo), la definizione dei contenuti, l'identificazione dei formati (come lezioni, discussioni, simulazioni) e la determinazione delle risorse necessarie.

4. **Esecuzione della formazione**: Questa è la fase di attuazione del programma di formazione. Coinvolge la consegna effettiva del contenuto formativo agli allievi, garantendo al contempo un ambiente di apprendimento favorevole e coinvolgente.

5. **Valutazione immediata**: Immediatamente dopo la formazione, è fondamentale raccogliere feedback dai partecipanti. Questo può includere la loro percezione della rilevanza del contenuto, l'efficacia del formatore, e suggerimenti per miglioramenti futuri.

6. **Applicazione sul campo**: Una volta completata la formazione, è essenziale monitorare come le competenze e le conoscenze acquisite vengono applicate nella pratica quotidiana. Questo può richiedere osservazioni, interviste o feedback dai supervisori.

7. **Valutazione dei risultati**: Questa è una fase cruciale che determina l'efficacia complessiva della formazione. Va oltre la semplice soddisfazione dei partecipanti e cerca di misurare in che misura gli obiettivi formativi sono stati raggiunti. Questo può essere fatto attraverso test, valutazioni sul posto di lavoro, o misurando

metriche di performance correlate al contenuto formativo.

8. **Revisione e aggiornamento**: Infine, sulla base dei feedback e dei risultati ottenuti, il programma di formazione dovrebbe essere regolarmente rivisto e aggiornato per garantire che rimanga rilevante e efficace nel tempo. Questo ciclo di formazione garantisce un approccio olistico, in cui ogni fase si basa su quella precedente, creando un percorso di apprendimento coeso e integrato. La chiave del successo risiede nell'attenzione ai dettagli, nell'ascolto attivo e nell'adattabilità alle esigenze in continua evoluzione degli allievi e dell'organizzazione.

Il processo di formazione, sebbene possa sembrare lineare nelle sue fasi, è intriso di sfumature e particolarità che lo rendono complesso e sfidante. Consideriamo, ad esempio, la dinamica dei rapporti interpersonali che si instaura durante la formazione. Ogni individuo porta in aula (o in qualsiasi altro contesto formativo) un bagaglio di esperienze, preconcepzioni e aspettative. Questi fattori possono influenzare profondamente come il contenuto viene percepito e assimilato. All'interno dell'aula formativa, l'interazione tra il formatore e i partecipanti è cruciale. Un formatore efficace non è solo colui che trasmette informazioni, ma è anche un facilitatore, un ascoltatore, e a volte un mediatore. La capacità di leggere la "temperatura" della stanza, di riconoscere quando l'energia scende o quando sorge un'obiezione non espressa, è fondamentale. Allo stesso modo, la capacità di utilizzare metodi pedagogici diversi in base al gruppo e al contesto è essenziale.

Oltre alla dinamica formatore-allievo, c'è anche l'interazione tra i partecipanti stessi. L'apprendimento collaborativo, dove gli allievi imparano gli uni dagli altri, può essere una delle esperienze più profonde e trasformatrici. Pertanto, creare opportunità per questo tipo di apprendimento, come discussioni di gruppo, lavori di squadra o progetti condivisi, può arricchire notevolmente l'esperienza formativa.

Un altro aspetto da considerare è l'ambiente di apprendimento stesso. Non si tratta solo del luogo fisico, ma anche dell'atmosfera creata. Un ambiente di apprendimento dovrebbe essere sicuro, accogliente e stimolante. Dovrebbe permettere agli allievi di sentirsi a proprio agio nel fare domande, esprimere dubbi, e commettere errori da cui possono imparare.

L'applicazione pratica del contenuto appreso è un altro punto cruciale. La teoria senza pratica può rimanere astratta e disconnessa dalla realtà quotidiana degli allievi. Introdurre esercitazioni, case study o simulazioni può aiutare a colmare questo divario. D'altro canto, il supporto post-formazione è spesso trascurato ma è di vitale importanza. Fornire risorse, sessioni di follow-up o mentoring può fare la differenza tra l'applicazione effettiva delle competenze apprese e il loro abbandono.

Infine, la tecnologia ha introdotto nuove dimensioni nel processo di formazione. L'e-learning, la formazione mista (blended learning), le simulazioni virtuali e altre modalità tecnologiche possono ampliare enormemente le possibilità di apprendimento. Tuttavia, è essenziale assicurarsi che la tecnologia serva il contenuto e non viceversa. Deve essere uno strumento, non un fine.

Il contesto culturale e sociale in cui avviene la formazione è un altro elemento che merita una menzione specifica. In un mondo globalizzato, è sempre più probabile che i formatori si trovino a interagire con un pubblico diversificato, composto da persone provenienti da diversi background culturali, etnici e sociali. Questa diversità può rappresentare una risorsa inestimabile, ma può anche introdurre sfide uniche. Ad esempio, concetti che sono chiari e diretti in una cultura possono essere ambigui o persino offensivi in un'altra. Le storie o gli esempi che risuonano con una parte della popolazione potrebbero non avere lo stesso impatto su un'altra.

Oltre alla cultura, la generazione a cui appartengono i partecipanti può influenzare il modo in cui percepiscono e interagiscono con il materiale formativo. La Generazione Z, ad esempio, cresciuta nell'era digitale, potrebbe avere aspettative diverse in termini di tecnologia e modalità di consegna rispetto ai Baby Boomer o alla Generazione X.

Allo stesso modo, la formazione in un'organizzazione non-profit potrebbe differire significativamente da quella in un'azienda del Fortune 500. Ogni contesto ha le sue specifiche sfide, norme, valori e aspettative che devono essere compresi e incorporati nel design e nella consegna della formazione.

Un altro aspetto da esaminare è l'equilibrio tra formazione formale e informale. Mentre la formazione formale è spesso pianificata e strutturata, gran parte dell'apprendimento avviene al di fuori di questi contesti, attraverso interazioni casuali, risoluzione di problemi sul posto di lavoro, o mentoring. Riconoscere e valorizzare questi momenti informali può potenziare l'efficacia complessiva di un programma di formazione.

Inoltre, la crescente consapevolezza dell'importanza del benessere mentale ha introdotto una nuova dimensione nel campo della formazione. Sempre più formatori stanno integrando principi di mindfulness, resilienza e gestione dello stress nei loro programmi. Questa tendenza riflette una comprensione più profonda del fatto che l'apprendimento non avviene in un vuoto; piuttosto, è profondamente influenzato dallo stato mentale ed emotivo dell'apprendista.

La gamification, ovvero l'uso di elementi di gioco in contesti non ludici, sta guadagnando terreno nel campo della formazione. Questo approccio sfrutta la natura intrinsecamente motivante del gioco per aumentare l'engagement e la ritenzione dei partecipanti. Le medaglie, i punteggi, le classifiche e altre meccaniche di gioco possono essere utilizzate per rendere l'esperienza formativa più coinvolgente e memorabile.

Infine, l'approccio olistico alla formazione sta guadagnando sempre più consensi. Questo approccio riconosce che gli individui non sono solo cervelli su gambe, ma esseri complessi con bisogni, desideri e sfide unici. Integrare la cura di sé, la consapevolezza corporea e altre discipline può arricchire l'esperienza formativa e renderla più significativa e trasformativa.

In sintesi, il processo di formazione non è un mero trasferimento di informazioni da un esperto a un gruppo di apprendisti, ma è una complessa interazione di variabili che, se gestite correttamente, possono portare a un'apprendimento profondo e duraturo.

Il contesto in cui avviene la formazione gioca un ruolo cruciale nel determinare il suo successo. L'ambientazione, le diversità culturali e generazionali, l'approccio didattico e le metodologie utilizzate sono tutti fattori che influenzano la risonanza e la rilevanza della formazione. Un formatore efficace deve essere sensibile a queste sfumature e avere la capacità di adattare la propria consegna in base alle esigenze specifiche del gruppo.

L'evoluzione tecnologica ha ampliato le modalità con cui si può erogare formazione, ma è fondamentale che la tecnologia serva a potenziare l'apprendimento piuttosto che distrarre o sopraffare. Strumenti come l'e-learning e la gamification possono essere estremamente efficaci, ma devono essere utilizzati con discernimento.

L'apprendimento informale, che spesso avviene al di fuori delle strutture tradizionali, è altrettanto prezioso e potenzialmente ancor più impattante dell'apprendimento formale.

Riconoscere, incoraggiare e capitalizzare su questi momenti può arricchire significativamente un programma formativo.

Un aspetto fondamentale da ricordare è che la formazione non termina quando il corso è finito. Il supporto post-formazione, la possibilità di applicare ciò che è stato appreso e il follow-up regolare sono fondamentali per garantire che l'apprendimento venga realmente integrato nella pratica quotidiana.

In conclusione, il processo di formazione è una sinfonia di elementi interconnessi che, se orchestrati con cura e attenzione, possono portare a trasformazioni profonde sia a livello individuale che collettivo. Essere consapevoli di questi fattori e affrontarli proattivamente è fondamentale per chiunque operi nel campo della formazione e dello sviluppo.

8. Tecniche Didattiche: Approfondimento su come presentare informazioni, facilitare discussioni e coinvolgere i partecipanti.

**Tecniche Didattiche: Approfondimento su come presentare informazioni, facilitare discussioni e coinvolgere i partecipanti.** L'arte della didattica risiede nell'abilità di trasferire conoscenza in modi che siano sia comprensibili che applicabili per i partecipanti. La chiave del successo non è solo cosa si insegna, ma come si insegna. Ecco una panoramica di alcune delle tecniche didattiche più efficaci:

1. **Metodo espositivo**: Si tratta della tecnica tradizionale di insegnamento, dove l'informatore presenta informazioni, spesso con l'ausilio di slide o altri supporti visivi. Pur essendo una delle tecniche più usate, è essenziale renderla dinamica per evitare monotonia e perdita di interesse.

2. **Discussione guidata**: Questo metodo coinvolge attivamente i partecipanti. L'istruttore pone domande per stimolare la discussione, guidando i partecipanti attraverso un processo di scoperta e riflessione.

3. **Apprendimento basato sui problemi (PBL)**: Qui, i partecipanti sono presentati con situazioni o problemi realistici e sono guidati a trovare soluzioni. Ciò favorisce la capacità di pensiero critico e applicazione pratica.

4. **Role-playing**: Questa tecnica permette ai partecipanti di 'vivere' una situazione. Può essere particolarmente utile quando si tratta di sviluppare abilità interpersonali o di comprendere meglio una prospettiva differente.

5. **Simulazioni**: Sono scenari controllati che replicano situazioni reali. Questo metodo è particolarmente efficace per l'addestramento in situazioni che potrebbero essere pericolose o costose nella realtà.

6. **Studio di caso**: Analizzare situazioni reali o ipotetiche può aiutare a comprendere meglio teorie o concetti, fornendo un contesto pratico.

7. **Apprendimento cooperativo**: I partecipanti lavorano in piccoli gruppi per completare un compito o un progetto. Questo metodo favorisce la collaborazione e l'apprendimento da pari.

8. **Brainstorming**: Una tecnica per generare idee in un breve periodo di tempo, promuovendo la libera espressione da parte di tutti i partecipanti.

9. **Storytelling**: Raccontare storie può rendere concetti complessi più accessibili e memorabili. Una buona storia può fare appello sia alla logica che all'emozione.

10.    **Uso di tecnologia**: Strumenti come software di presentazione, piattaforme e-learning, e applicazioni interattive possono arricchire l'esperienza formativa, rendendola più dinamica e interattiva.

Per utilizzare al meglio queste tecniche, è fondamentale che l'istruttore sia flessibile e attento alle esigenze dei partecipanti. Monitorare continuamente l'engagement dei partecipanti, fare regolari check-in e richiedere feedback sono passi essenziali per assicurarsi che l'apprendimento sia efficace e significativo.

All'interno del vasto panorama delle tecniche didattiche, vi sono molti approcci ed elementi che, pur non essendo necessariamente nuovi, stanno guadagnando risonanza in risposta alle mutevoli esigenze dell'apprendimento e alla crescente diversità dei partecipanti. L'eterogeneità degli studenti e la variabilità dei loro stili di apprendimento richiedono strategie sempre più personalizzate e innovative.

1. **Microlearning**: Si tratta di brevi lezioni, spesso di durata compresa tra 5 e 10 minuti, che affrontano un singolo argomento o competenza. Questa tecnica risponde all'esigenza di apprendimento rapido e alla capacità di concentrazione sempre più ridotta nell'era digitale.

2. **Gamification**: Introdurre elementi di gioco nel processo di apprendimento può aumentare la motivazione e l'engagement. Si tratta di assegnare punteggi, medaglie, o altri riconoscimenti per la realizzazione di obiettivi specifici.

3. **Flipped Classroom**: Questo modello rovescia la struttura tradizionale della lezione. Gli studenti studiano il materiale prima della lezione, e la classe diventa un luogo di discussione, approfondimento e applicazione pratica.

4. **Peer Teaching**: In questa metodologia, gli studenti insegnano ad altri studenti. Questa tecnica riconosce che, spesso, gli studenti possono spiegare concetti ai loro coetanei in modi che potrebbero essere più facilmente comprensibili.

5. **Apprendimento basato sull'indagine**: Gli studenti vengono presentati con una domanda o un problema e sono guidati attraverso un processo di ricerca e scoperta. Questa tecnica sviluppa autonomia e competenze di ricerca.

6. **Learning by Doing**: Qui, l'apprendimento avviene attraverso l'esperienza diretta e la pratica. Si basa sulla filosofia che l'apprendimento è più efficace quando gli studenti possono applicare direttamente ciò che hanno appreso.

7. **Mind Mapping**: Questo strumento visivo aiuta gli studenti a organizzare e rappresentare la conoscenza, mostrando relazioni tra diversi concetti. Può essere particolarmente utile per visualizzare complesse strutture di informazione.

8. **Uso di Realia**: Utilizzare oggetti reali in aula può rendere l'apprendimento più tangibile. Ad esempio, mostrare un oggetto antico in una lezione di storia può rendere il passato più vivo e reale.

9. **Self-directed Learning**: Qui, gli studenti sono i principali responsabili del proprio percorso di apprendimento, scegliendo ciò che e come apprendere. Questa metodologia richiede una forte motivazione e autonomia da parte dello studente.

10. **Learning Journals**: Mantenere un diario di apprendimento permette agli studenti di riflettere sul loro processo di apprendimento, consolidare ciò che hanno appreso e riconoscere aree di miglioramento.

Alla luce della crescente diversità di stili e bisogni di apprendimento, così come dell'introduzione di nuove tecnologie, è fondamentale che i formatori rimangano aggiornati sulle nuove tecniche didattiche. La chiave del successo in didattica risiede non solo nel conoscere queste tecniche, ma anche nel saperle adattare e personalizzare in base al contesto e ai partecipanti.

Certamente! Oltre alle tecniche menzionate, vi sono altre strategie e metodi emergenti che stanno ridefinendo il panorama dell'educazione e della formazione:

1. **Realità Virtuale (VR) e Realità Aumentata (AR):** Con l'avvento delle tecnologie immersive, l'apprendimento sta diventando sempre più esperienziale. Attraverso la VR, gli studenti possono "visitare" luoghi lontani o epoche passate, mentre con la AR possono sovrapporre informazioni o modelli 3D al mondo reale, arricchendo la loro comprensione.

2. **Podcast e Audio Learning**: Con la crescente popolarità dei podcast, molti educatori stanno sfruttando questo formato per fornire lezioni o contenuti supplementari. L'apprendimento basato sull'ascolto può essere particolarmente utile per gli studenti che assimilano meglio attraverso l'audio.

3. **Digital Storytelling**: Combinando elementi narrativi con media digitali (come video, immagini e suoni), gli educatori possono creare storie coinvolgenti che migliorano la comprensione e la memoria.

4. **Feedback immediato**: Utilizzando piattaforme digitali, è possibile fornire feedback in tempo reale agli studenti, permettendo loro di

correggere e adattarsi rapidamente, e aumentando la loro motivazione.

5. **Mentoring e Tutoring Peer-to-Peer**: Oltre al Peer Teaching, la collaborazione tra pari può estendersi a relazioni di mentoring, dove studenti più esperti supportano quelli meno avanzati, favorendo la solidarietà e l'apprendimento collaborativo.

6. **Apprendimento basato sulla natura**: Portare gli studenti fuori dall'aula tradizionale, magari in un contesto naturale, può offrire nuove prospettive e stimolare la curiosità, oltre a creare una connessione con l'ambiente.

7. **Tecniche di mindfulness e meditazione**: L'introduzione di momenti di riflessione, concentrazione e consapevolezza può aiutare gli studenti a focalizzarsi, riducendo l'ansia e migliorando le prestazioni.

8. **Scaffolding**: Questo approccio didattico prevede che l'educatore fornisca inizialmente un forte supporto agli studenti, che viene gradualmente ridotto man mano che acquisiscono maggiore autonomia e competenza.

9. **Portafogli digitali**: Questi permettono agli studenti di conservare e presentare i loro lavori, riflettendo sul loro percorso di apprendimento e mostrando le loro competenze in modo dinamico.

10. **Spaced Learning**: Basandosi sul principio che la ripetizione a intervalli regolari potenzia la memoria a lungo termine, questa tecnica implica brevi sessioni di apprendimento intervallate da pause.

Le tecniche didattiche, nella loro varietà e complessità, devono essere scelte e adattate in base al contesto, alla materia, al pubblico e agli obiettivi di apprendimento. La combinazione di metodi tradizionali con approcci innovativi può offrire un'esperienza di apprendimento ricca e completa. Con l'evoluzione della tecnologia e la crescente comprensione della psicologia dell'apprendimento, il panorama didattico è in costante evoluzione, offrendo sempre nuove opportunità e sfide per educatori e studenti.

Certamente. La scelta delle tecniche didattiche è fondamentale nel determinare l'efficacia del processo di apprendimento. Essa ha il potere di influenzare non solo la trasmissione delle informazioni, ma anche il modo in cui gli studenti elaborano, assimilano e applicano quelle informazioni nel mondo reale.

**Valutazione della Relevanza**: La prima considerazione nell'adozione di una tecnica didattica dovrebbe essere la sua pertinenza rispetto al pubblico e al contenuto. Una tecnica che funziona bene per un gruppo potrebbe non essere altrettanto efficace per un altro. Ad esempio, mentre l'apprendimento basato sulla natura potrebbe essere ideale per lezioni di scienze ambientali, potrebbe non avere lo stesso impatto in un corso di programmazione.

**Integrazione Tecnologica**: La crescente disponibilità di tecnologie avanzate per l'apprendimento ha ampliato notevolmente le opzioni a disposizione degli educatori. Tuttavia, la tecnologia per sé stessa non è una panacea; il suo valore risiede nel modo in cui viene utilizzata per arricchire l'apprendimento. Ad esempio, la realtà virtuale potrebbe offrire un'immersione unica nella storia dell'arte, permettendo agli studenti di "camminare" attraverso famosi musei. Ma senza una guida e un contesto didattico, potrebbe diventare una mera distrazione.

**Approccio Olistico**: La scelta delle tecniche didattiche non dovrebbe basarsi solo sul contenuto. La salute mentale, emotiva e fisica degli studenti influisce direttamente sulla loro capacità di apprendere. L'integrazione di tecniche come la mindfulness o momenti di pausa fisica può avere un impatto profondo sulla capacità degli studenti di rimanere focalizzati e assimilare informazioni.

**Misurazione e Feedback**: Qualsiasi tecnica adottata dovrebbe essere sottoposta a un processo di revisione e valutazione. Questo non solo aiuta a identificare aree di miglioramento, ma offre anche agli studenti una piattaforma per esprimere le proprie opinioni e necessità. La raccolta di feedback può fornire insight preziosi su come affinare ulteriormente l'approccio didattico.

**Formazione Continua per gli Educatori**: Infine, gli educatori stessi devono rimanere studenti. Il panorama dell'istruzione è in costante evoluzione, con nuove ricerche, strumenti e metodi che emergono regolarmente. La formazione continua permette agli educatori di rimanere al passo con le ultime innovazioni, garantendo che la loro didattica rimanga fresca, pertinente e efficace.

In sintesi, la didattica è tanto un'arte quanto una scienza. Le tecniche e gli strumenti disponibili possono arricchire notevolmente l'esperienza di apprendimento, ma il cuore dell'istruzione risiede nel rapporto tra l'educatore e lo studente, e nella passione, impegno e curiosità che entrambi portano nel processo. Selezionare e integrare le tecniche didattiche più appropriate è una responsabilità fondamentale, ma altrettanto cruciale è la capacità di adattarsi, sperimentare e apprendere in modo continuo.

9. Coaching vs Mentoring: Differenze, somiglianze e quando utilizzare l'uno o l'altro.

Il coaching e il mentoring sono due metodi di sviluppo professionale e personale che sono spesso confusi a causa delle loro somiglianze. Entrambi coinvolgono una relazione uno-a-uno tra un individuo esperto e un individuo meno esperto, con l'obiettivo di guidare quest'ultimo verso il successo. Tuttavia, esistono differenze chiave tra i due, e comprendere queste distinzioni può aiutare a determinare quale approccio sia più adatto a una determinata situazione.

**Definizioni:**

- **Coaching**: Il coaching è spesso focalizzato sullo sviluppo di competenze specifiche o sull'ottenimento di obiettivi particolari in un periodo di tempo definito. Un coach fornisce feedback, strategie e consigli per aiutare l'individuo a raggiungere un determinato risultato. Il coach non necessariamente ha esperienza nel campo specifico dell'individuo, ma piuttosto ha competenze nelle tecniche di coaching.
- **Mentoring**: Il mentoring è una relazione a lungo termine in cui un mentore fornisce consigli, guida e supporto basandosi sulla propria

esperienza professionale. Il mentoring può abbracciare una varietà di aspetti, tra cui sviluppo di carriera, crescita personale e navigazione nelle sfide professionali. Il mentore solitamente ha una vasta esperienza nel campo specifico dell'individuo.

**Differenze chiave:**

1. **Obiettivi**: Il coaching tende ad essere orientato verso obiettivi specifici e a breve termine, mentre il mentoring riguarda spesso una crescita e uno sviluppo a lungo termine.

2. **Durata**: Le sessioni di coaching sono generalmente strutturate e limitate nel tempo. Le relazioni di mentoring, d'altra parte, possono durare per anni e sono spesso meno formali.

3. **Relazione**: Mentre i coach possono non avere esperienza diretta nel campo specifico dell'individuo, i mentori solitamente condividono un background simile e possono offrire insights basati sulla propria esperienza.

4. **Focus**: Il coaching si concentra sull'azione, sulla definizione e sul raggiungimento di obiettivi specifici. Il mentoring, invece, può riguardare la navigazione nella cultura aziendale, la gestione delle sfide professionali o lo sviluppo di una visione a lungo termine.

**Somiglianze:**
1. **Crescita Personale e Professionale**: Entrambi sono orientati verso lo sviluppo e il progresso dell'individuo.
2. **Relazione Uno-a-Uno**: Sia il coaching che il mentoring richiedono una relazione personale e diretta tra due individui.
3. **Feedback**: Sia i coach che i mentori forniscono feedback costruttivo.

**Quando utilizzare l'uno o l'altro:**

- **Coaching**: È ideale quando c'è un obiettivo specifico da raggiungere, come imparare una nuova competenza, superare un ostacolo particolare o migliorare una performance in un'area specifica. Può essere particolarmente utile in situazioni di cambiamento, come una promozione o un cambio di ruolo.
- **Mentoring**: È adatto quando un individuo cerca una guida generale nella sua carriera o nella sua crescita personale. È ideale per chi cerca di comprendere meglio la cultura e la dinamica di un'organizzazione o di un settore specifico.

In conclusione, mentre coaching e mentoring hanno molte somiglianze e si sovrappongono in alcune aree, essi servono scopi distinti. La scelta tra l'uno e l'altro dovrebbe essere basata sulle esigenze specifiche dell'individuo e sugli obiettivi desiderati. Entrambi, se applicati correttamente, possono avere un impatto profondo sullo sviluppo e sul successo di un individuo.

Certamente, esploriamo ulteriormente il mondo del coaching e del mentoring.

**Origini e terminologia:**

L'origine della parola "coach" risale al XV secolo in Ungheria, dove il termine "kocsi" veniva utilizzato per descrivere un carro utilizzato per trasportare persone da un luogo all'altro. Analogamente, in un contesto moderno, un coach aiuta le persone a passare da uno stato attuale a uno stato desiderato.

Mentoring, d'altra parte, deriva dal nome "Mentore", un personaggio dell'Odissea di Omero. Mentore era l'amico fidato di Ulisse e fu incaricato di educare e guidare il figlio di Ulisse, Telemaco, durante l'assenza del padre.

**Ambito di applicazione:**

Mentre il coaching può essere spesso associato al mondo degli affari e dello sport, esistono anche coach di vita, coach di salute e benessere, coach finanziari e molti altri. Ogni settore ha le sue specifiche sfide e richiede un approccio su misura.

Il mentoring, d'altra parte, ha una lunga storia in molti campi, dalla medicina alle arti, dalla scienza all'educazione. Tradizionalmente, i mentori erano individui anziani e saggi che offrivano la loro saggezza ai più giovani.

**Tecniche e metodi:**

Nel coaching, si possono utilizzare varie tecniche come il modello GROW (Goal, Reality, Options, Will), la programmazione neuro-linguistica e l'analisi SWOT (Strengths, Weaknesses, Opportunities, Threats), tra gli altri.

Nel mentoring, il focus potrebbe essere su storie e aneddoti personali, condivisione di lezioni apprese, ombreggiamento (osservare il mentore mentre lavora) o offrire opportunità specifiche per lo sviluppo.

**Ruolo dell'empatia e dell'ascolto:**

Sia nel coaching che nel mentoring, l'empatia e l'ascolto attivo sono fondamentali. Tuttavia, nel mentoring, c'è spesso un legame più profondo e personale, dove il mentore può condividere vulnerabilità e esperienze personali per costruire un rapporto di fiducia.

**Certificazioni e formazione:**
Nel mondo del coaching, ci sono molte certificazioni disponibili attraverso organizzazioni come la International Coach Federation. Queste certificazioni garantiscono un certo livello di competenza e aderenza a standard etici.

Per il mentoring, sebbene ci siano programmi e corsi di formazione, la "certificazione" è spesso informale, basata sull'esperienza e sulla reputazione piuttosto che su corsi formali.

**Limiti e sfide:**
Il coaching può talvolta essere visto come un approccio "freddo" o "meccanico", specialmente se il coach non stabilisce una connessione emotiva con il cliente. Allo stesso modo, un mentore che non è in sintonia con le esigenze e le aspirazioni del proprio mentore può rischiare di apparire come paternalistico o fuori contatto.

In entrambi i casi, la chiave del successo risiede nell'abilità di stabilire un rapporto genuino, basato sulla fiducia e sul rispetto reciproco, e nell'essere sempre allineati agli obiettivi e ai desideri dell'individuo.

**Struttura temporale e durata:**
Nel coaching, la durata delle sessioni e l'intero percorso sono spesso definiti in anticipo. Ad esempio, un cliente potrebbe concordare un percorso di coaching di sei mesi con incontri quindicinali. Questo fornisce una struttura chiara e degli obiettivi definiti per entrambe le parti. Nel mentoring, la relazione può essere molto più fluida e organica, estendendosi potenzialmente per anni. Mentre un mentore può aiutare un mentore attraverso una fase specifica della sua carriera o vita, la connessione potrebbe continuare a evolversi e maturare, diventando sempre più preziosa con il passare del tempo.
**Modalità di coinvolgimento:**
Il coaching tende ad essere più formale. Esiste un accordo contrattuale, gli obiettivi sono definiti con chiarezza e ci sono aspettative sul progresso e sui risultati. Ciò aiuta a mantenere la responsabilità e a fornire una misura tangibile del successo.
D'altra parte, nel mentoring, la relazione è spesso meno strutturata. Mentre può esserci un accordo iniziale sulla direzione e sugli obiettivi, la natura esatta della relazione si sviluppa nel tempo. Questa flessibilità può essere utile in situazioni in cui le esigenze e gli obiettivi del mentore cambiano.

**Aspetti finanziari:**
Il coaching è tipicamente una professione
retribuita. Il coach fornisce un servizio
professionale e ci si aspetta un pagamento per il
suo tempo e la sua competenza. Le tariffe
possono variare notevolmente a seconda della
specializzazione, dell'esperienza e della
reputazione del coach.
Il mentoring, d'altra parte, è spesso volontario.
Mentre in alcune situazioni potrebbe esserci una
compensazione (ad esempio, in programmi
aziendali formali), molti mentori offrono il loro
tempo e la loro esperienza gratuitamente, spinti
dal desiderio di dare qualcosa in cambio o di
contribuire al successo di altri.

**Contesti e applicazioni:**
Mentre il coaching è spesso associato a contesti
specifici come il business, lo sport o lo sviluppo
personale, il mentoring può essere trovato in una
varietà di ambienti. Ad esempio, nel mondo
accademico, i professori possono fungere da
mentori per gli studenti di dottorato, guidandoli
attraverso le sfide della ricerca e della
pubblicazione. Nel mondo dell'arte, un artista
affermato potrebbe prendere sotto la sua ala un
emergente, aiutandolo a navigare nel complesso
mondo delle gallerie e delle esposizioni.

**Feedback e valutazione:**
Nel coaching, il feedback è cruciale. Dopo ogni sessione, coach e cliente possono discutere di ciò che ha funzionato, delle aree di miglioramento e dei prossimi passi. Questo processo continuo di valutazione aiuta a mantenere il percorso sul giusto binario.
Nel mentoring, mentre il feedback è ancora importante, potrebbe essere fornito in modo meno formale. Potrebbe esserci meno enfasi sulla valutazione e più sulla condivisione di esperienze e consigli.

**Coaching vs Mentoring: Una sintesi**
Entrambi il coaching e il mentoring sono strumenti potenti per facilitare la crescita e lo sviluppo, ma hanno funzioni, obiettivi e metodologie distinti. Il loro utilizzo efficace dipende dalla comprensione delle loro specificità e dalla scelta dell'approccio più adatto a una determinata situazione.

1. **Natura della Relazione:**
   - **Coaching:** Si basa su una relazione definita nel tempo, centrata su obiettivi specifici. La relazione è di solito a breve termine e focalizzata su aree specifiche di sviluppo. Il rapporto è professionalmente strutturato e segue una sequenza logica di sessioni.

- **Mentoring:** Di natura più organica, il mentoring può svilupparsi naturalmente e durare per anni. L'enfasi è sulla condivisione di esperienze, conoscenze e intuizioni personali.

2. **Obiettivo:**
   - **Coaching:** Orientato verso risultati e performance specifiche, aiutando l'individuo a raggiungere il suo massimo potenziale in aree mirate.
   - **Mentoring:** Mirato al trasferimento di competenze, esperienze e visione da un individuo esperto a un altro meno esperto.

3. **Metodologia:**
   - **Coaching:** Segue una metodologia strutturata che può includere modelli, strumenti e tecniche specifiche.
   - **Mentoring:** Più informale, spesso basato sulla narrazione, la discussione e la guida.

4. **Pagamento:**
   - **Coaching:** Spesso un servizio retribuito.
   - **Mentoring:** In molte situazioni, è volontario e non remunerato.

5. **Applicazioni:**
   - **Coaching:** Trova applicazione in contesti specifici come affari, sport, sviluppo personale, tra gli altri.
   - **Mentoring:** Può essere applicato in un'ampia gamma di settori, da accademici

a artisti, da leader aziendali a giovani professionisti.

In conclusione, mentre il coaching e il mentoring hanno obiettivi e metodologie distinti, entrambi sono fondamentali per promuovere la crescita e lo sviluppo individuale. La scelta tra i due dipenderà dagli obiettivi specifici, dal contesto e dalla natura della relazione desiderata. E, in molte situazioni, una combinazione di entrambi potrebbe offrire il massimo beneficio. Essere consapevoli delle sfumature tra coaching e mentoring permette di navigare efficacemente nel percorso di crescita personale e professionale, sfruttando al meglio le risorse e le opportunità disponibili.

10. Formazione Online: Utilizzo della tecnologia nel coaching e nella formazione. Vantaggi, sfide e best practices.

**Formazione Online: Utilizzo della tecnologia nel coaching e nella formazione**
L'avvento della tecnologia digitale ha trasformato molti settori, e il coaching e la formazione non fanno eccezione. Con l'accesso a Internet e la crescente disponibilità di strumenti e piattaforme online, la formazione e il coaching virtuali sono diventati sempre più popolari. Ecco un'analisi dei

vantaggi, delle sfide e delle migliori prassi nel campo della formazione online.

**Vantaggi:**

1. **Accessibilità:** La formazione online rompe le barriere geografiche, permettendo a coach e formatori di raggiungere un pubblico globale e a studenti e clienti di accedere ai migliori professionisti da tutto il mondo.

2. **Flessibilità:** Gli studenti possono imparare al loro ritmo, e le sessioni di coaching possono essere programmate in base alla disponibilità di entrambe le parti.

3. **Costo-Efficienza:** Riduce i costi associati agli spostamenti, alle strutture fisiche e ai materiali di stampa.

4. **Ampia Variazione di Strumenti:** La tecnologia offre una vasta gamma di strumenti interattivi come video, quiz, infografiche e simulazioni che possono migliorare l'esperienza di apprendimento.

5. **Adattabilità:** I contenuti possono essere aggiornati e personalizzati facilmente in base alle esigenze e al feedback degli utenti.

**Sfide:**

1. **Tecnologia e Connessione:** Problemi tecnici o connessioni Internet instabili possono interferire con l'apprendimento o le sessioni di coaching.

2. **Mancanza di Interazione Faccia a Faccia:**
   La mancanza di contatto fisico può limitare la
   capacità di leggere il linguaggio del corpo o di
   stabilire una connessione emotiva profonda.
3. **Autodisciplina:** Nella formazione online, gli
   studenti devono essere particolarmente motivati
   e disciplinati per rimanere concentrati e
   completare i corsi.
4. **Qualità Variabile:** Con una vasta gamma di
   corsi e coach disponibili online, la qualità può
   variare notevolmente.
5. **Sicurezza e Privacy:** La protezione dei dati e la
   confidenzialità possono essere preoccupazioni in
   ambienti online.

**Best Practices:**

1. **Utilizzare Piattaforme Affidabili:** Scegliere
   piattaforme di formazione online riconosciute e
   sicure per garantire una buona esperienza sia per
   l'istruttore che per il partecipante.
2. **Incorpora Elementi Interattivi:** Usa video,
   quiz, discussioni e altri strumenti interattivi per
   rendere il contenuto coinvolgente.
3. **Feedback Regolari:** Sia nella formazione che
   nel coaching, incoraggia il feedback per adattare
   e migliorare l'offerta.
4. **Mantieni la Connessione Personale:** Anche
   se virtualmente, trova modi per stabilire una
   connessione personale, ad esempio attraverso

videochiamate, forum di discussione o sessioni di domande e risposte in diretta.

5. **Formazione Continua:** Aggiorna regolarmente i materiali di formazione e mantieniti aggiornato sulle nuove tecnologie e metodologie di formazione.

In conclusione, mentre la formazione online offre molte opportunità, è essenziale affrontare le sfide in modo proattivo. Attraverso l'adozione di best practices e l'adattamento alle esigenze degli studenti o dei clienti, sia la formazione che il coaching online possono fornire risultati eccezionali.

La rivoluzione digitale ha indubbiamente aperto nuove strade e possibilità per il mondo del coaching e della formazione, permettendo l'espansione e l'adattamento a nuove modalità di apprendimento e interazione. Analizzando ulteriormente l'utilizzo della tecnologia nel coaching e nella formazione online, possiamo osservare vari aspetti:

**Personalizzazione dell'Apprendimento:** Con l'avvento delle tecniche di intelligenza artificiale e machine learning, le piattaforme di formazione online ora possono adattare il contenuto in base alle esigenze individuali degli utenti. I corsi possono monitorare il progresso di un apprendista e suggerire materiali o temi specifici basati sulle loro debolezze o interessi.

**Gamification:** L'incorporazione di elementi di gioco nei corsi online può aumentare la motivazione e l'engagement degli utenti. Badge, punteggi, livelli e altre meccaniche di gioco possono essere integrate nei programmi di formazione per rendere l'apprendimento più coinvolgente.

**Ambienti Virtuali:** Con la crescente popolarità della realtà virtuale (VR) e della realtà aumentata (AR), ci sono opportunità uniche di creare ambienti di apprendimento immersivi. Queste tecnologie possono essere particolarmente utili per simulazioni, role-playing o per esplorare concetti complessi in un ambiente tridimensionale.

**Comunità di Apprendimento:** Oltre al contenuto del corso, le piattaforme di formazione online spesso offrono forum, gruppi di discussione e altre comunità virtuali. Questi spazi permettono agli apprendisti di interagire tra loro, condividere risorse, risolvere dubbi e costruire una rete.

**Analisi e Monitoraggio:** Gli strumenti analitici integrati in molte piattaforme permettono ai coach e ai formatori di monitorare il progresso degli apprendisti, identificare aree di difficoltà e adattare il contenuto o l'approccio didattico di conseguenza.

**Accessibilità e Inclusività:** Le piattaforme online possono offrire funzionalità come sottotitoli, traduzioni, descrizioni audio e altri strumenti per rendere l'apprendimento accessibile a persone con diverse esigenze o disabilità.

**Aggiornamenti Continui:** A differenza dei materiali di formazione tradizionali, come i libri di testo, i corsi online possono essere facilmente aggiornati. Questo è particolarmente vantaggioso in settori in rapido cambiamento, dove le informazioni possono diventare obsolete in breve tempo.

**L'importanza della Sicurezza:** Con l'aumento delle preoccupazioni sulla privacy e la sicurezza dei dati, è essenziale che le piattaforme di formazione online adottino misure rigorose per proteggere le informazioni degli utenti.

**Formazione Ibrida:** Molti programmi ora combinano elementi sia online che offline, offrendo una formazione ibrida. Questo può includere sessioni di coaching individuali in persona, seguite da moduli online o viceversa.

**Feedback in Tempo Reale:** Molte piattaforme offrono strumenti per fornire feedback in tempo reale, permettendo agli studenti di ricevere valutazioni immediate e ai formatori di apportare modifiche in tempo reale basate sulle risposte degli studenti.

La formazione online rappresenta un paradigma rivoluzionario che ha il potere di democratizzare l'istruzione e la formazione professionale a livelli mai visti prima. Le sue origini possono essere ricondotte ai primi corsi universitari offerti su piattaforme online; oggi, questa modalità ha permeato quasi ogni settore e disciplina.

Una delle principali forze trainanti dietro la crescente popolarità della formazione online è la sua accessibilità. Indipendentemente dalla posizione geografica, dalla disponibilità di tempo o dalle risorse economiche, chiunque con una connessione internet può accedere a contenuti formativi di alta qualità. Ciò ha permesso a individui in aree remote o sottoservite di accedere a opportunità formative che altrimenti sarebbero state fuori dalla loro portata.

Inoltre, l'adattabilità della formazione online è incomparabile. Mentre la formazione tradizionale richiede spesso orari e strutture rigide, i corsi online possono essere seguiti in base alla propria comodità, ritmo e stile di apprendimento. Questo beneficia sia gli apprendisti, che possono scegliere come e quando studiare, sia gli istruttori, che possono aggiornare e modificare il contenuto in tempo reale in base al feedback e alle esigenze degli studenti.

Tuttavia, con questi vantaggi arrivano anche delle sfide. L'isolamento può essere una delle principali preoccupazioni degli studenti online. Senza l'interazione faccia a faccia e il supporto di una comunità fisica, alcuni possono sentirsi soli nel loro percorso di apprendimento.

Fortunatamente, l'emergere di comunità virtuali e forum di discussione ha offerto soluzioni a questo problema, creando spazi per gli studenti per connettersi e collaborare.

Inoltre, la qualità del contenuto può variare notevolmente tra le diverse piattaforme e corsi. Mentre alcune istituzioni rinomate offrono corsi online di alta qualità, esistono anche molte piattaforme che offrono contenuti inaffidabili o semplicisticamente curati. Pertanto, è essenziale per gli studenti e i professionisti essere critici e selettivi nel scegliere da dove apprendere.

Concludendo, la formazione online rappresenta sia un'opportunità straordinaria sia una sfida. Mentre offre accesso, flessibilità e un vasto array di risorse, richiede anche una navigazione consapevole, un impegno personale e la capacità di apprendere in modo autonomo. Come con ogni strumento, il suo valore deriva dalla capacità di utilizzarlo efficacemente. E con l'avanzare della tecnologia e l'evoluzione delle piattaforme didattiche, possiamo solo aspettarci che la formazione online continui a crescere e a maturare, giocando un ruolo sempre più centrale nell'educazione e nella formazione professionale di individui in tutto il mondo.

11. Barriere alla Formazione e al Coaching: Come superare resistenze, paure e limiti auto-imposti.

**Barriere alla Formazione e al Coaching: Come superare resistenze, paure e limiti auto-imposti.**

L'impegno verso la formazione e il coaching può rappresentare una sfida sia per il formatore/coach sia per il partecipante. Entrambe le parti possono incontrare resistenze che derivano da una serie di fattori, tra cui paure, convinzioni limitanti e condizioni ambientali.

1. **Resistenze Emotive**: Queste resistenze derivano da paure o insicurezze personali. Ad esempio, una persona potrebbe temere di non essere all'altezza o di fallire. La paura del giudizio, in particolare in un ambiente di gruppo, può inibire la partecipazione attiva e l'apprendimento.
   *Soluzione*: Affrontare le emozioni attraverso tecniche di coaching emotivo e assicurare un ambiente di apprendimento sicuro e non giudicante.

2. **Convinzioni Limitanti**: Queste sono credenze profonde che limitano la capacità di una persona di vedere oltre le proprie percezioni. Ad esempio, "Non sono bravo in matematica" o "Sono troppo vecchio per imparare una nuova skill".
   *Soluzione*: Utilizzare tecniche di coaching trasformativo per sfidare e ridefinire queste convinzioni, mostrando prove del contrario e incoraggiando una mentalità di crescita.

3. **Barriere Culturali**: Le differenze culturali possono influenzare il modo in cui le persone percepiscono la formazione e il coaching. Ad esempio, in alcune culture, potrebbe essere meno accettabile mostrare debolezza o non sapere qualcosa.
   *Soluzione*: Essere consapevoli delle differenze culturali, creare un ambiente inclusivo e utilizzare metodi di insegnamento e coaching interculturali.

4. **Barriere Pratiche**: Queste includono problemi logistici come mancanza di tempo, risorse finanziarie o accesso a opportunità di formazione.
   *Soluzione*: Offrire soluzioni flessibili come la formazione online, il micro-apprendimento o programmi di finanziamento.

5. **Resistenza al Cambiamento**: La natura umana spesso si rifugia nella routine e nella familiarità. Il coaching e la formazione, tuttavia,

spingono verso la crescita e il cambiamento, che possono essere percepiti come minacciosi.

*Soluzione*: Evidenziare i benefici del cambiamento e offrire supporto durante la transizione, creando un percorso chiaro e comprensibile.

6. **Mancanza di Motivazione**: Senza una chiara comprensione del "perché" dietro la formazione o il coaching, può esserci una mancanza di impegno e di motivazione.

   *Soluzione*: Definire chiaramente gli obiettivi, mostrare i benefici tangibili e collegare l'apprendimento ai desideri e ai bisogni individuali.

   In sintesi, per superare le barriere alla formazione e al coaching, è essenziale riconoscere e comprendere le resistenze, sia interne sia esterne. Una volta identificate, si possono adottare strategie specifiche per affrontarle, rendendo il percorso di formazione e coaching più efficace e trasformativo.

Alla base della formazione e del coaching c'è la convinzione che l'apprendimento e la crescita personale siano possibili e auspicabili. Tuttavia, la strada verso il successo in questi campi può essere minata da varie barriere. Andando oltre le resistenze più comuni, possiamo analizzare ulteriormente altre sfide:

1. **Barriere Tecnologiche**: In un'era in cui la formazione e il coaching online stanno diventando sempre più popolari, le barriere tecnologiche possono rappresentare un ostacolo significativo. Non tutti hanno accesso a dispositivi di qualità o connessioni Internet affidabili, e non tutti sono digitalmente competenti.

2. **Inconsapevolezza**: Alcune persone potrebbero non essere nemmeno consapevoli dei propri bisogni di formazione o delle proprie aree di miglioramento. Questa mancanza di consapevolezza può rendere difficile per loro riconoscere il valore del coaching o della formazione.

3. **Mancanza di Feedback**: Senza un feedback costruttivo, è difficile per gli individui capire dove e come migliorare. Il feedback è un componente essenziale del processo di apprendimento, e la sua assenza può ostacolare significativamente la crescita personale.

4. **Atteggiamenti Negativi**: Precedenti esperienze negative con la formazione o il coaching possono aver lasciato una persona scettica o riluttante a impegnarsi nuovamente. Questi atteggiamenti possono derivare da corsi mal gestiti, coach inesperti o aspettative non soddisfatte.

5. **Pressione Esterna**: A volte, le persone si iscrivono a programmi di formazione o coaching a causa della pressione da parte di superiori, colleghi o familiari. Quando l'impegno non deriva da una motivazione intrinseca, può esserci resistenza.

6. **Overload di Informazioni**: L'abbondanza di risorse disponibili, in particolare online, può diventare schiacciante. La difficoltà nell'identificare quali risorse siano affidabili e pertinenti può scoraggiare alcune persone dal cercare formazione.

7. **Ambiente Non Conducivo**: A volte, l'ambiente in cui si trova un individuo non è favorevole all'apprendimento. Ciò potrebbe essere dovuto a distrazioni frequenti, mancanza di spazi tranquilli per la riflessione o un'atmosfera generale di non supporto.

8. **Frustrazione e Burnout**: Soprattutto quando gli individui cercano di crescere e migliorare in molte aree contemporaneamente, c'è il rischio di esaurimento o burnout. Troppo stress o tentativi di cambiare troppo e troppo rapidamente possono portare alla demotivazione.

Ognuna di queste barriere, pur rappresentando una sfida, offre anche un'opportunità. Con una comprensione profonda delle resistenze che gli individui potrebbero incontrare nel loro percorso di formazione e coaching, è possibile sviluppare strategie più efficaci e personalizzate per supportarli nel loro viaggio di crescita personale.

9. **Barriere Culturali e Linguistiche**: La globalizzazione ha portato ad un crescente interscambio culturale e, mentre questo ha molti vantaggi, può anche portare a sfide nel contesto del coaching e della formazione. Le differenze culturali possono influire sul modo in cui le persone percepiscono il coaching, sulle loro aspettative e sul modo in cui interagiscono con un coach o un formatore. Inoltre, le barriere linguistiche possono ostacolare la comunicazione, rendendo difficile per l'individuo comprendere e assimilare le informazioni.

10. **Barriere Economiche**: Il costo della formazione o del coaching può essere proibitivo per molte persone. Mentre esistono molte risorse gratuite o a basso costo, spesso i programmi o i corsi di alta qualità richiedono un investimento significativo. Questo può escludere quelli con risorse finanziarie limitate dall'accesso a opportunità di crescita.

11. **Mancanza di Riconoscimento del Valore**: Alcuni individui potrebbero non vedere il valore immediato della formazione o del coaching, considerandolo un lusso o un extra non essenziale. Questo può essere particolarmente vero in ambienti o culture lavorative dove

l'apprendimento continuo e lo sviluppo personale non sono enfatizzati.

12. **Barriere Temporali**: Trovare il tempo per la formazione o il coaching può essere una sfida, specialmente per coloro che hanno già orari intensi o impegni familiari. La formazione e il coaching richiedono tempo, sia per le sessioni stesse sia per l'assimilazione e la pratica di ciò che è stato appreso.

13. **Fattori Psicologici**: Le paure e le insicurezze personali possono agire come barriere. Ad esempio, la paura del fallimento, l'ansia di essere giudicati, o la mancanza di fiducia nelle proprie capacità possono impedire a qualcuno di cercare attivamente opportunità di formazione o coaching.

14. **Manutenzione delle Conoscenze Acquisite**: Anche se un individuo supera tutte le barriere e partecipa a sessioni di formazione o coaching, c'è la sfida della manutenzione. Senza una pratica regolare o un rinfrescamento delle conoscenze acquisite, c'è il rischio che le nuove abilità o informazioni vengano dimenticate o non applicate.

15. **Ambiente Non Supportivo**: Anche se un individuo è motivato e desideroso di crescere, se si trova in un ambiente lavorativo o familiare che non sostiene o valuta la formazione e il coaching,

può diventare demotivato o scoraggiato dal perseguire ulteriori opportunità.

16. **Barriere Cognitive**: Ogni individuo ha un diverso stile di apprendimento e capacità cognitive. Alcuni possono avere difficoltà a mantenere l'attenzione, mentre altri potrebbero lottare con concetti astratti o complessi.

17. **Accesso Limitato alle Risorse**: In alcune aree geografiche o in specifici settori, potrebbe esserci una mancanza di formatori o coach qualificati. Questo limita le opportunità per quelli che vivono o lavorano in tali contesti.
Ognuna di queste barriere rappresenta un'area da esplorare e da comprendere meglio per chi opera nel campo della formazione e del coaching. Conoscere queste sfide permette di sviluppare strategie mirate e soluzioni innovative.

**Conclusione sulle Barriere alla Formazione e al Coaching**:
La formazione e il coaching sono strumenti potenti per il miglioramento personale e professionale. Tuttavia, il loro impatto può essere limitato da una serie di barriere, sia esterne che interne, che possono ostacolare la partecipazione, l'assimilazione e l'applicazione delle conoscenze e delle competenze acquisite.

1. **Comprensione Profonda delle Barriere**: La prima fase per superare queste barriere è riconoscerle e comprenderle. Un'attenta analisi delle esigenze e delle sfide specifiche di un individuo o di un'organizzazione può rivelare quali barriere sono particolarmente pertinenti e come possono essere affrontate.

2. **Personalizzazione dell'Approccio**: Non esiste una soluzione universale alle barriere alla formazione e al coaching. Quello che funziona per un individuo potrebbe non essere efficace per un altro. La personalizzazione dell'approccio in base alle esigenze, ai desideri e alle circostanze specifiche è essenziale.

3. **Utilizzo della Tecnologia**: Con l'avvento delle nuove tecnologie, molte delle barriere tradizionali, come quelle geografiche o temporali, possono essere mitigate. Piattaforme online, applicazioni mobili e altre soluzioni digitali possono offrire flessibilità e accessibilità, rendendo la formazione e il coaching accessibili a un pubblico più ampio.

4. **Creazione di un Ambiente Supportivo**: La cultura e l'ambiente in cui un individuo si trova possono avere un impatto significativo sulla sua capacità di superare le barriere alla formazione e al coaching. Le organizzazioni e i leader devono riconoscere il valore dell'apprendimento

continuo e fornire risorse, supporto e incentivi
per incoraggiare la formazione e lo sviluppo.

5. **Educazione e Sensibilizzazione**: Spesso, le
   barriere sono il risultato di percezioni errate o
   mancanza di consapevolezza. Educare le persone
   sui benefici della formazione e del coaching e
   fornire testimonianze e casi di studio può aiutare
   a cambiare queste percezioni e motivare una
   maggiore partecipazione.

In conclusione, mentre le barriere alla
formazione e al coaching sono reali e possono
essere significative, con una comprensione
profonda, un approccio personalizzato, l'uso
innovativo della tecnologia, la creazione di
ambienti di sostegno e campagne di
sensibilizzazione efficaci, è possibile superarle.
Questo non solo migliora l'efficacia del coaching
e della formazione ma potenzia anche l'individuo
e le organizzazioni, guidandoli verso il
raggiungimento dei loro obiettivi e aspirazioni.

12. Casi di Studio: Esempi reali di successi e insuccessi nel mondo del coaching e della formazione.

## Casi di Studio: Esempi reali di successi e insuccessi nel mondo del coaching e della formazione.

I casi di studio forniscono una finestra sulla realtà pratica di come le teorie e le strategie di coaching e formazione vengono applicate in situazioni reali. Attraverso l'analisi di questi esempi, è possibile trarre insegnamenti preziosi su cosa funziona e cosa no, permettendo ai professionisti e alle organizzazioni di adottare le migliori pratiche e di evitare errori comuni.

**1. Successi:**

**a. Un'Impresa Globale di Tecnologia:**

Un'azienda tecnologica globale ha lanciato un programma di coaching esecutivo per i suoi dirigenti senior. Con l'aiuto di coach professionisti esterni, i dirigenti hanno lavorato su competenze chiave come la leadership, la gestione del cambiamento e la comunicazione interculturale. Come risultato, l'azienda ha visto un aumento del 20% nella soddisfazione dei dipendenti e una diminuzione del 15% nel turnover dei dirigenti nei due anni successivi al lancio del programma.

**b. Programma di Formazione per Neoassunti:** Un'organizzazione no-profit ha introdotto un programma di formazione intensiva per i suoi neoassunti, coprendo temi come la missione organizzativa, la cultura aziendale e le competenze tecniche. A distanza di un anno, l'organizzazione ha registrato un aumento del 30% nella produttività e una diminuzione del 40% nel turnover dei neoassunti.

**2. Insuccessi:**

**a. Programma di Coaching Non Personalizzato:** Un'azienda di servizi finanziari ha introdotto un programma di coaching per i suoi manager, basato su un modello standardizzato senza tener conto delle esigenze individuali dei manager. Nonostante gli investimenti significativi, il programma non ha prodotto miglioramenti tangibili in termini di performance o soddisfazione dei manager, evidenziando l'importanza di un approccio personalizzato.

**b. Formazione Non Aggiornata:** Una grande catena di negozi al dettaglio ha avviato un programma di formazione per i suoi impiegati basato su materiali e metodi obsoleti. Non solo i partecipanti hanno trovato la formazione irrilevante, ma alcune delle pratiche suggerite si sono rivelate controproducenti nel contesto attuale del retail, portando a un calo delle vendite e a una bassa morale tra i dipendenti.

**Lezioni Apprese:**

- **Importanza dell'Adattabilità:** I programmi di coaching e formazione devono essere flessibili e adattabili alle esigenze individuali e alle circostanze uniche di ogni situazione.

- **Feedback Continuo:** È essenziale implementare meccanismi di feedback continui per valutare l'efficacia del coaching o della formazione e apportare le necessarie modifiche.

- **Aggiornamento Costante:** Il mondo del lavoro è in costante evoluzione. I programmi di formazione e coaching devono essere regolarmente aggiornati per rimanere rilevanti e efficaci.

In conclusione, attraverso l'analisi di successi e insuccessi in contesti reali, è possibile avere una visione più chiara di cosa funziona nel mondo del coaching e della formazione. Questi insegnamenti possono poi essere utilizzati per progettare programmi più efficaci e ottenere risultati migliori.

**Casi di Studio: Esempi reali di successi e insuccessi nel mondo del coaching e della formazione.**

**Impresa Manifatturiera e Leadership:** Un'azienda manifatturiera, con sede in Europa, ha avuto problemi nel mantenere una leadership solida e coesa all'interno dei suoi team. Nonostante avessero risorse e fondi, la produttività era in calo. Un coach di leadership è stato portato a bordo per lavorare con il team di leadership. Attraverso sessioni di coaching intensive, il team ha identificato le cause principali dei problemi, che riguardavano la comunicazione interna, la gestione dei conflitti e la visione aziendale non chiaramente definita. Dopo sei mesi, il team ha sviluppato un piano d'azione e ha visto un incremento nella produttività del 25%.

**Università e Formazione del Personale Docente:** Una università di prestigio ha deciso di investire nella formazione del suo personale docente per migliorare la qualità dell'insegnamento. Tuttavia, invece di esaminare le specifiche esigenze dei suoi docenti, l'università ha adottato un programma standardizzato. Molti docenti hanno riscontrato che il programma era troppo generico e non teneva conto delle diverse discipline e modalità d'insegnamento. Questo ha portato a una bassa partecipazione e a valutazioni negative della formazione.

**Startup Tecnologica e Coaching per la Crescita:** Una startup nel settore della tecnologia, dopo aver ottenuto un finanziamento significativo, ha deciso di investire in sessioni di coaching per i suoi ingegneri software per migliorare le loro competenze di leadership e gestione del team. Tuttavia, hanno scelto un coach senza una comprensione approfondita del settore tecnologico. Gli ingegneri hanno trovato difficile relazionarsi con gli esempi e i consigli forniti, rendendo le sessioni meno efficaci.

**Formazione Interculturale in un'Organizzazione Globale:** Una multinazionale ha cercato di migliorare la collaborazione tra i suoi uffici globali attraverso un programma di formazione interculturale. Hanno identificato i principali problemi di comunicazione tra le diverse sedi e hanno elaborato un programma di formazione mirato. Dopo l'implementazione, l'azienda ha registrato una riduzione del 40% nei malintesi interculturali e una migliore collaborazione tra team globali.

**Coaching per Manager in un'Impresa di Vendita al Dettaglio:** Una catena di negozi ha notato che, nonostante avessero manager talentuosi, molti di loro faticavano a motivare e guidare i loro team. Hanno introdotto un programma di coaching focalizzato sulle competenze di leadership e motivazione. Mentre alcuni manager hanno tratto beneficio dalle sessioni, altri hanno sentito che il coaching era troppo invasivo o non applicabile alla loro situazione specifica, sottolineando l'importanza di personalizzare il coaching in base alle esigenze individuali.

**Le dinamiche interne delle squadre di calcio professionistiche e il Coaching:** Molte squadre di calcio di alto livello ora incorporano coach di performance e life coach nei loro team di supporto. In un caso, una squadra che stava attraversando una serie di sconfitte ha assunto un life coach per lavorare con i giocatori. Attraverso sessioni individuali, il coach ha aiutato i giocatori a gestire lo stress, la pressione e a costruire la resilienza. Sebbene non fosse direttamente correlato alla loro performance sul campo, molti giocatori hanno segnalato un miglior equilibrio tra vita e lavoro e un migliore approccio mentale alle partite.

**Casi di Studio: Esempi reali di successi e insuccessi nel mondo del coaching e della formazione.**

**Ente Sanitario e Formazione sulla Leadership:** Un grande ente sanitario ha avuto difficoltà con il turn-over del personale infermieristico a causa di problemi di leadership a vari livelli. Un programma di coaching è stato sviluppato specificamente per i dirigenti dell'ente, mirato a migliorare le loro capacità di comunicazione e leadership. Il processo ha incluso valutazioni 360 gradi, feedback e sessioni di coaching individuali. Dopo un anno, la rotazione del personale è diminuita e la soddisfazione del personale è aumentata, ma alcuni leader più anziani hanno resistito al cambiamento, dimostrando la necessità di un impegno a lungo termine per il cambiamento sostenibile.

**Agenzia di Marketing e Gestione del Tempo:** In un'agenzia di marketing, i dipendenti erano costantemente sotto pressione a causa di scadenze ravvicinate e una cultura del "fare tutto all'ultimo minuto". Un coach specializzato nella gestione del tempo e nella produttività è stato chiamato per condurre una serie di workshop e sessioni individuali. Sebbene molti dipendenti abbiano trovato valore nelle tecniche presentate, la cultura dell'azienda in generale non è cambiata senza un impegno da parte della leadership a implementare nuovi sistemi e procedure.

**Scuola e Coaching per Insegnanti:** Con la crescente pressione sulle prestazioni degli studenti e sugli standard di insegnamento, una scuola ha deciso di introdurre un programma di coaching per gli insegnanti. I coach hanno lavorato individualmente con gli insegnanti, osservando le lezioni, fornendo feedback e aiutandoli a sviluppare nuove strategie didattiche. Molti insegnanti hanno accolto il supporto e hanno visto miglioramenti nelle loro classi. Tuttavia, alcuni insegnanti più anziani hanno percepito il coaching come una critica al loro insegnamento, sottolineando l'importanza di introdurre il coaching in modo sensibile e supportivo.

**Grande Corporation e Formazione sulla Diversità:** Con l'obiettivo di diventare più inclusiva e diversificata, una grande corporation ha lanciato un ampio programma di formazione sulla diversità. Tuttavia, il programma non è stato ben ricevuto da tutti i dipendenti, con alcune critiche che suggerivano che fosse troppo teorico e non applicabile alla realtà quotidiana dell'azienda. Inoltre, senza un follow-up e un supporto continui, molti dipendenti sono tornati ai loro modi di fare precedenti, dimostrando che la formazione da sola non è sufficiente senza una chiara visione e impegno da parte della leadership.

**Startup FinTech e Coaching per la Resilienza:** Una startup nel settore FinTech, dopo un rapido successo iniziale, ha affrontato un periodo di crisi con la perdita di un grande cliente. In questo momento critico, la startup ha deciso di assicurarsi i servizi di un coach specializzato nella resilienza e nella gestione dello stress. Gli impiegati hanno partecipato a sessioni di gruppo e individuali, imparando tecniche per gestire lo stress, l'ansia e i sentimenti di incertezza. Questo ha aiutato la squadra a navigare attraverso la crisi e a emergere più forte e più unita.

## Conclusione: Casi di Studio nel Coaching e nella Formazione

Studiare casi reali nel campo del coaching e della formazione fornisce una visione pratica e tangibile delle potenzialità e delle sfide inerenti a questi ambiti. Ogni caso, con le sue specificità, illustra come la teoria si traduca in pratica, e come le diverse variabili possano influenzare l'efficacia del coaching o della formazione.

Da questi esempi emerge chiaramente che:

1. **La Leadership è Fondamentale:** L'impegno della leadership all'interno di un'organizzazione è cruciale per il successo di qualsiasi programma di

coaching o formazione. Senza un supporto reale e tangibile dai vertici, gli sforzi potrebbero risultare vani. I leader devono essere i primi sostenitori, ma anche i primi a mostrare cambiamenti nei comportamenti e nelle attitudini per dare l'esempio.

2. **La Cultura Organizzativa Gioca un Ruolo Chiave:** La cultura di un'organizzazione può sostenere o ostacolare gli sforzi di coaching e formazione. In alcune organizzazioni, c'è una resistenza intrinseca al cambiamento, mentre in altre, l'innovazione e la crescita personale sono valori fondamentali. Comprendere e, se necessario, lavorare per cambiare la cultura organizzativa può fare la differenza tra il successo e il fallimento di un programma.

3. **Il Feedback è Essenziale:** In molti dei casi presentati, il feedback ha svolto un ruolo fondamentale. Che si tratti di feedback da parte di un coach, di colleghi o di un sistema formale come una valutazione a 360 gradi, avere un ritorno sull'efficacia delle azioni e sulle aree di miglioramento è essenziale per la crescita.

4. **L'Approccio Deve Essere Personalizzato:** Non esiste un "taglia unica" quando si tratta di coaching e formazione. Ogni individuo, team e organizzazione ha bisogni, sfide e obiettivi unici. Per questo motivo, i programmi di coaching e

formazione devono essere adattati alle specifiche necessità del pubblico di riferimento.

5. **Il Follow-Up è Cruciale:** Come dimostrato da alcuni casi, un programma di formazione o coaching non termina con la fine delle sessioni programmate. La fase post-formazione è vitale per garantire che le nuove competenze e i comportamenti siano integrati e sostenuti nel tempo.

In sintesi, i casi di studio presentati sottolineano l'importanza di un approccio olistico al coaching e alla formazione. La teoria, seppur essenziale, deve essere affiancata da una pratica mirata e consapevole delle dinamiche e delle specificità dell'ambiente in cui viene applicata. Con una strategia ben pianificata, un impegno autentico e una continua valutazione e riflessione, coaching e formazione possono portare a trasformazioni profonde e durature a livello individuale e organizzativo.

13. Etica nel Coaching: L'importanza di operare con integrità, riservatezza e nel rispetto dei valori del cliente.

## Etica nel Coaching: L'importanza di operare con integrità, riservatezza e nel rispetto dei valori del cliente

L'etica nel coaching è di fondamentale importanza. Non solo rappresenta la base per costruire un rapporto di fiducia tra il coach e il cliente, ma garantisce anche che il coaching avvenga in un contesto sicuro, rispettoso e produttivo. Il rispetto dell'etica nel coaching è essenziale sia per la reputazione della professione sia per assicurare che il cliente venga sostenuto nel modo più efficace e appropriato possibile.

1. **Integrità:** L'integrità rappresenta la coerenza tra ciò che si dice e ciò che si fa. Per un coach, significa onorare gli impegni, essere trasparenti nelle proprie intenzioni e azioni e agire sempre nell'interesse superiore del cliente. L'integrità implica anche l'essere aperti e onesti riguardo alle proprie competenze, riconoscendo quando potrebbe essere necessario indirizzare il cliente verso un altro professionista.

2. **Riservatezza:** La confidenzialità è al cuore della relazione tra coach e cliente. I clienti devono sentirsi sicuri nel condividere le loro preoccupazioni, aspirazioni e sfide senza temere

che queste informazioni vengano divulgate. Ciò
significa che un coach non dovrebbe mai
condividere dettagli specifici o informazioni
personali del cliente senza il suo esplicito
consenso.

3. **Rispetto dei valori del cliente:** Ogni
   individuo ha un set unico di valori che guida le
   sue decisioni e azioni. Un coach etico rispetta e
   onora questi valori, anche se possono differire
   dai propri. Questo significa evitare di proiettare
   le proprie credenze sul cliente e invece lavorare
   all'interno del sistema di valori del cliente per
   supportare il suo sviluppo.

4. **Non sfruttamento:** Un coach deve sempre
   essere attento a non sfruttare la relazione con il
   cliente per benefici personali o finanziari. Questo
   include l'evitare potenziali conflitti di interesse e
   l'essere trasparenti riguardo a qualsiasi
   remunerazione o beneficio che potrebbero
   derivare da terze parti a seguito del riferimento o
   della consulenza.

5. **Formazione Continua:** L'etica nel coaching
   comprende anche l'impegno del coach nella
   formazione continua. Ciò garantisce che le loro
   competenze e conoscenze rimangano aggiornate
   e pertinenti, permettendo di offrire il miglior
   servizio possibile ai clienti.

6. **Limiti di Competenza:** Un coach etico
   riconosce i limiti della propria competenza. Se un

cliente ha bisogno di supporto che va oltre le competenze del coach, come consulenza psicologica o medica, il coach dovrebbe indirizzare il cliente verso professionisti appropriati.

In conclusione, l'etica nel coaching non è solo una lista di regole da seguire, ma piuttosto una guida che assicura che il coaching avvenga in un contesto che rispetta e onora l'individualità, la dignità e i diritti del cliente. Un coach che opera con integrità, rispetto e cura guadagna non solo la fiducia del cliente ma anche il rispetto dei colleghi e contribuisce al riconoscimento e alla validità della professione di coaching nel suo complesso.

Il panorama etico del coaching rappresenta un terreno vasto e in continua evoluzione. Al di là dei principi fondamentali come integrità, riservatezza e rispetto, ci sono molte sfumature che meritano una riflessione approfondita.
**Standard Professionali e Codici Etici:** Molti organismi professionali che rappresentano il coaching, come l'International Coach Federation (ICF) o il Center for Credentialing & Education (CCE), hanno sviluppato codici etici dettagliati. Questi codici forniscono una guida pratica su come navigare in situazioni complesse, dalle

questioni di conflitto d'interesse alla gestione delle informazioni del cliente in modo etico.

**Feedback e Trasparenza:** L'etica del coaching implica anche l'essere trasparenti nella comunicazione con il cliente. Questo significa fornire feedback onesti e costruttivi, chiarire le aspettative e assicurarsi che il cliente capisca il processo di coaching, le tecniche utilizzate e i possibili risultati.

**Autonomia del Cliente:** Mentre il coach guida e supporta il cliente attraverso il processo di cambiamento e sviluppo, è fondamentale che il cliente mantenga l'autonomia nelle decisioni. Imporre o indirizzare eccessivamente le scelte del cliente può non solo ostacolare il suo percorso di crescita ma anche entrare in conflitto con principi etici fondamentali.

**Rispetto delle Diversità:** La società è composta da una vasta gamma di individui con background, culture, valori e esperienze diversi. Un coach etico deve essere culturalmente competente, rispettando le diversità e evitando qualsiasi forma di discriminazione o pregiudizio.

**Sorveglianza e Supervisione:** Come in molte altre professioni di aiuto, la sorveglianza e la supervisione giocano un ruolo cruciale nell'assicurare che la pratica del coaching sia etica. Avere un mentore o un supervisore con cui un coach può riflettere e discutere i casi difficili può aiutare a navigare situazioni complesse con maggiore chiarezza e integrità.

**Gestione dei Conflitti:** Ogni relazione professionale ha il potenziale di incontrare conflitti. Un coach etico sa come riconoscere i segni di possibili conflitti, come gestirli quando emergono e come prevenire situazioni che potrebbero portare a conflitti futuri.

**Tariffe e Trasparenza Finanziaria:** La trasparenza non si limita alla pratica del coaching ma si estende anche agli aspetti finanziari. I clienti hanno il diritto di comprendere le tariffe, gli eventuali costi aggiuntivi e le politiche di rimborso.

**Continuo Apprendimento ed Evoluzione:** Il mondo del coaching è in continua evoluzione. Con nuove ricerche, tecniche e approcci che emergono regolarmente, un coach etico riconosce l'importanza dell'apprendimento continuo. Questo non solo migliora la pratica del coaching ma garantisce anche che il coach operi con le conoscenze e le competenze più attuali.

L'etica nel coaching è un argomento complesso che coinvolge una serie di considerazioni importanti:

**Confidenzialità:** La confidenzialità è un pilastro dell'etica nel coaching. I coach devono garantire che tutte le informazioni condivise dai clienti durante le sessioni siano trattate con la massima riservatezza. Questo significa che il coach non dovrebbe rivelare o discutere le informazioni del cliente con nessuno, a meno che non vi sia il consenso esplicito del cliente per farlo. La confidenzialità promuove un ambiente sicuro in cui il cliente può esplorare pensieri, sentimenti e preoccupazioni senza timore di giudizio o divulgazione non autorizzata.

**Competenza:** Un coach etico è competente nel proprio campo. Ciò significa che il coach deve avere una solida formazione, esperienza e conoscenza delle pratiche di coaching. Un coach dovrebbe anche essere consapevole dei propri limiti di competenza e non cercare di trattare questioni o problemi al di fuori della propria area di competenza. Se un cliente presenta una sfida che richiede competenze specialistiche, il coach dovrebbe indirizzare il cliente a un professionista appropriato.

**Conflitto di Interessi:** Evitare conflitti di interessi è un'altra parte importante dell'etica nel coaching. Un coach dovrebbe essere trasparente riguardo a qualsiasi conflitto di interesse potenziale o effettivo. Ad esempio, se il coach ha una relazione finanziaria o personale con il cliente che potrebbe influenzare l'obiettività del coach, dovrebbe essere dichiarato e affrontato in modo appropriato. La priorità principale dovrebbe essere sempre l'interesse del cliente.

**Valutazione dell'Efficacia:** L'etica nel coaching implica anche la responsabilità di valutare l'efficacia del coaching. Un coach dovrebbe lavorare con il cliente per stabilire obiettivi chiari e misurabili e monitorare il progresso verso questi obiettivi nel corso delle sessioni. Inoltre, il coach dovrebbe essere disposto a rivedere e adattare l'approccio di coaching se non si sta ottenendo il progresso desiderato.

**Consenso Informato:** Il coach dovrebbe ottenere il consenso informato del cliente prima di iniziare il coaching. Questo significa che il cliente dovrebbe essere pienamente informato sul processo di coaching, sulle aspettative, sui costi e su qualsiasi altra informazione rilevante. Il cliente dovrebbe avere la possibilità di porre domande e di comprendere appieno ciò che il coaching comporta prima di impegnarsi.

**Etica Online:** Nel mondo digitale, è importante considerare l'etica del coaching online. Questo include la protezione della privacy online del cliente, l'uso sicuro delle piattaforme di comunicazione e l'aderenza alle leggi sulla protezione dei dati. Anche in un contesto online, le stesse norme etiche di confidenzialità, competenza e rispetto si applicano.

In sintesi, l'etica nel coaching è una questione centrale per la professione e deve essere seguita con attenzione per garantire il benessere del cliente e l'integrità del processo di coaching. Un coach etico è consapevole delle proprie responsabilità e si sforza di operare nel migliore interesse del cliente in ogni fase del coaching.

In conclusione, l'etica nel coaching rappresenta una guida essenziale per garantire che questa pratica professionale sia svolta con la massima integrità, rispetto e responsabilità. Essa sottolinea l'importanza di costruire una relazione di fiducia tra coach e cliente basata sulla confidenzialità, il rispetto delle diversità, la competenza e la gestione dei conflitti.

Un coach etico è consapevole delle responsabilità che porta con sé questa professione e si adopera per fornire un ambiente di coaching sicuro e rispettoso. La trasparenza, la competenza e il consenso informato sono fondamentali per garantire che il cliente comprenda appieno il processo di coaching e sia coinvolto attivamente nelle decisioni relative al proprio sviluppo personale o professionale.

L'etica nel coaching non è statica ma in costante evoluzione, adattandosi alle mutevoli esigenze della società e della professione stessa. È un impegno continuo verso la crescita personale e la formazione per assicurare che il coach rimanga allineato con gli standard etici più elevati e sia in grado di fornire un servizio di coaching di alta qualità.

Inoltre, l'etica nel coaching contribuisce a promuovere la legittimità e la credibilità della professione di coaching, rassicurando i clienti sul fatto che stanno lavorando con professionisti impegnati nel loro benessere e nel loro sviluppo.

Infine, l'etica nel coaching promuove una cultura di responsabilità e rispetto che è essenziale per costruire relazioni di successo e durature tra coach e cliente.

14. Sviluppo Continuo del Coach: L'importanza della formazione continua, supervisione e auto-riflessione per il professionista.

## Sviluppo Continuo del Coach: L'importanza della formazione continua, supervisione e auto-riflessione per il professionista

Il coaching è un campo in costante evoluzione, e il coach professionista deve essere impegnato nel proprio sviluppo continuo per rimanere all'avanguardia e offrire il massimo valore ai clienti. L'importanza della formazione continua, supervisione e auto-riflessione non può essere sottovalutata.

1. **Aggiornamento delle Competenze:** Il coaching è un'arte e una scienza, e le tecniche e le metodologie evolvono nel tempo. Un coach che cerca di migliorare deve rimanere aggiornato sulle ultime ricerche e sviluppi nel campo. Questo può significare partecipare a corsi, seminari o conferenze, oppure impegnarsi in letture e studi indipendenti. L'apprendimento continuo aiuta a mantenere e migliorare le competenze di coaching.

2. **Supervisione:** La supervisione è un aspetto critico dello sviluppo continuo del coach. Coinvolgere un supervisore o un mentore esperto offre l'opportunità di esaminare casi, ricevere

feedback e affrontare situazioni complesse o etiche. La supervisione aiuta il coach a sviluppare una maggiore consapevolezza delle proprie pratiche, identificare aree di miglioramento e migliorare la qualità del coaching offerto ai clienti.

3. **Auto-riflessione:** L'auto-riflessione è un elemento essenziale del processo di sviluppo continuo. Un coach dovrebbe regolarmente esaminare la propria pratica, valutare i risultati dei clienti e considerare come potrebbe migliorare. L'auto-riflessione aiuta a identificare i punti di forza e le sfide personali e a sviluppare strategie per affrontarli.

4. **Feedback dei Clienti:** Raccogliere feedback dai clienti è un modo prezioso per migliorare. I clienti possono fornire prospettive preziose su ciò che ha funzionato bene nel coaching e su ciò che potrebbe essere migliorato. Un coach che accoglie il feedback in modo aperto e lo utilizza per adattare la sua pratica dimostra un impegno per l'evoluzione continua.

5. **Coaching tra Pari:** Il coaching tra pari è un'opportunità per i coach di lavorare insieme, offrendo supporto e feedback reciproco. Questa pratica può aiutare a sviluppare nuove abilità, affinare le tecniche di coaching e condividere esperienze e conoscenze.

6. **Valori e Etica:** Il coaching è intrinsecamente legato a valori come l'integrità, la riservatezza e il rispetto. Un coach dovrebbe periodicamente esaminare i propri valori e assicurarsi che la sua pratica sia allineata con essi. L'etica del coaching dovrebbe essere una guida costante nel processo di sviluppo.

7. **Mantenere l'Entusiasmo:** Il coaching richiede un alto livello di energia emotiva ed empatica. Mantenere l'entusiasmo e il coinvolgimento è essenziale per il successo a lungo termine. Questo può richiedere la gestione dello stress, l'equilibrio tra vita professionale e privata e la pratica dell'auto-cura.
In definitiva, il coaching è un impegno continuo verso il miglioramento personale e professionale. Il coach che cerca lo sviluppo continuo non solo offre un servizio di alta qualità ai clienti ma dimostra anche un profondo impegno per l'etica e la pratica professionale. Il processo di crescita continua è ciò che distingue un coach eccezionale da uno buono, portando a risultati più significativi per i clienti e una soddisfazione professionale più profonda per il coach stesso.

L'aspetto del **sviluppo continuo del coach** è così centrale nel coaching che merita un'ulteriore analisi dettagliata:

8. **Adattamento al Cambiamento:** Il mondo sta cambiando a un ritmo accelerato, e questo implica nuove sfide e opportunità per i coach. L'adattamento è fondamentale. Un coach dovrebbe essere in grado di abbracciare e integrare nuovi strumenti, tecnologie e tendenze che possano migliorare la pratica. Questo può includere l'adozione di piattaforme di coaching online, l'utilizzo di nuovi modelli di valutazione o l'esplorazione di approcci innovativi.

9. **Specializzazione:** Molti coach trovano valore nello sviluppare una specializzazione in un settore specifico, come il coaching esecutivo, il coaching di leadership, il coaching per la transizione di carriera o il coaching per il benessere. La specializzazione consente al coach di concentrarsi su un pubblico di riferimento particolare e di sviluppare competenze più approfondite in quel settore.

10. **Networking e Comunità:** Essere parte di una comunità di coach può essere estremamente vantaggioso. Queste comunità offrono opportunità per lo scambio di idee, la condivisione di esperienze e l'apprendimento reciproco. Inoltre, il networking può portare a partnership professionali e opportunità di business.

11. **Formazione Continua sulla Psicologia:**
Poiché il coaching si basa sull'ascolto attivo, la
comunicazione efficace e la comprensione dei
comportamenti umani, il coach può trarre
beneficio dalla formazione continua in psicologia.
Questo può aiutare il coach a comprendere
meglio il cliente, a identificare e affrontare
eventuali sfide psicologiche e a migliorare la sua
capacità di supportare il cambiamento positivo.

12. **Esperienze Multiculturali:** Nel mondo
globalizzato di oggi, i coach spesso lavorano con
clienti provenienti da diverse culture. Essere
aperti alle esperienze multiculturali e impegnarsi
nell'apprendimento continuo sulle dinamiche
culturali può migliorare notevolmente la capacità
del coach di comprendere e supportare
efficacemente clienti provenienti da background
diversi.

13. **Ricerca e Scrittura:** Scrivere articoli, libri o
relazioni di ricerca sul coaching può essere un
modo eccellente per approfondire la
comprensione del campo e condividere
conoscenze con altri professionisti. Questo
impegno nella ricerca e nella scrittura può anche
contribuire a costruire una reputazione nel
campo del coaching.

14. **Educazione Continua:** La partecipazione a
programmi di educazione continua, come corsi di
aggiornamento o workshop, è essenziale per

rimanere al passo con i cambiamenti e le innovazioni nel settore. Molti organismi di certificazione richiedono anche ore di formazione continua per mantenere lo status di coach certificato.

15. **Meditazione e Mindfulness:** La pratica della meditazione e del mindfulness può aiutare il coach a sviluppare una maggiore consapevolezza di sé e degli altri. Queste pratiche possono migliorare l'abilità del coach nell'essere presente durante le sessioni di coaching e nell'aiutare i clienti a sviluppare la consapevolezza di sé.
In sintesi, lo sviluppo continuo del coach è un processo che coinvolge l'apprendimento costante, l'adattamento alle nuove sfide e il perfezionamento delle abilità. È un impegno verso la crescita personale e professionale che consente al coach di fornire il massimo valore ai clienti e di contribuire al successo a lungo termine nella professione del coaching.

Naturalmente, il **sviluppo continuo del coach** è un tema ampio e complesso che può essere ulteriormente approfondito:

16. **Tecnologie Emergenti:** Il mondo digitale sta trasformando il modo in cui il coaching è praticato. I coach possono beneficiare dell'uso di nuove tecnologie, come app per il coaching, piattaforme di videoconferenza avanzate e

strumenti di analisi dei dati. L'adozione di queste tecnologie può migliorare l'efficacia del coaching e la connessione con i clienti.

17. **Coaching Interculturale:** Date le sfide della globalizzazione, la competenza nel coaching interculturale è diventata cruciale. I coach dovrebbero cercare di comprendere le differenze culturali nella comunicazione, nelle aspettative e nei valori e imparare come adattare il loro approccio di coaching per lavorare efficacemente con clienti provenienti da contesti culturali diversi.

18. **Auto-Cura e Benessere:** Il coaching può essere emotivamente impegnativo, e il benessere del coach è fondamentale. Il self-care, che include la gestione dello stress, il bilanciamento tra lavoro e vita privata e la pratica di abitudini salutari, è essenziale per mantenere l'energia e la motivazione necessarie per supportare i clienti in modo efficace.

19. **Valutazione e Misurazione:** L'abilità di valutare e misurare l'efficacia del coaching è importante per dimostrare il valore del coaching ai clienti e agli sponsor. I coach dovrebbero sviluppare competenze nell'identificare indicatori chiave di successo e nel raccogliere dati per valutare l'impatto del coaching sui clienti e sulle organizzazioni.

20. **Sostenibilità:** Un tema emergente è il coaching per la sostenibilità e la responsabilità sociale d'impresa. I coach possono contribuire a promuovere comportamenti sostenibili e etici nelle organizzazioni e nella società in generale. L'acquisizione di competenze per affrontare questioni legate alla sostenibilità può essere un vantaggio distintivo per i coach.

21. **Creatività e Innovazione:** La creatività e l'innovazione sono importanti in molti contesti aziendali. I coach possono sviluppare competenze per aiutare i clienti a stimolare la creatività, generare nuove idee e adottare un approccio innovativo ai problemi.

22. **Crisi e Cambiamenti Disruptivi:** Il mondo è suscettibile a crisi e cambiamenti improvvisi. I coach possono acquisire competenze per aiutare i clienti a gestire la crisi, adattarsi ai cambiamenti e emergere più forti. Questa capacità è particolarmente rilevante nelle situazioni di crisi, come la pandemia COVID-19.

23. **Sviluppo di Partnership di Successo:** Collaborare con altri professionisti, come consulenti aziendali, psicologi o trainer, può portare a partnership di successo. Queste partnership possono offrire servizi più completi ai clienti e ampliare le opportunità di business. In sintesi, lo sviluppo continuo del coach è un processo in evoluzione che richiede impegno,

apprendimento costante e adattamento. I coach che cercano di rimanere pertinenti e di massimizzare il loro impatto dovrebbero essere aperti all'evoluzione del campo, alle sfide emergenti e alle opportunità in continua mutazione. Questo atteggiamento di apprendimento continuo è fondamentale per eccellere nella professione del coaching.

**Intuizione ed Empatia:** Sviluppare una maggiore intuizione e empatia è cruciale per un coach. Queste competenze permettono al coach di leggere le sfumature non verbali del cliente, comprendere le emozioni sottostanti e rispondere in modo più efficace alle sue esigenze. Il coach può migliorare queste abilità attraverso la pratica dell'ascolto attivo e l'auto-riflessione.

24. **Mindset di Crescita:** Un coach dovrebbe adottare un mindset di crescita, che implica la convinzione che le abilità e le capacità possono essere sviluppate con l'allenamento e lo sforzo. Questo approccio apre la porta a una mentalità aperta al cambiamento e all'apprendimento continuo.

25. **Competenze Tecnologiche:** In un mondo sempre più digitale, il coach dovrebbe sviluppare competenze tecnologiche per massimizzare l'efficacia del coaching online o per utilizzare strumenti digitali per la valutazione e

l'analisi dei dati. Questo può includere la comprensione delle piattaforme di videoconferenza, l'uso di software di gestione dei clienti e la sicurezza delle informazioni online.

26. **Coaching Generativo:** Il coaching generativo si concentra sull'ispirazione e sulla creazione di un futuro positivo. I coach possono esplorare questa metodologia per aiutare i clienti a superare ostacoli, sviluppare soluzioni innovative e scoprire nuove prospettive.

27. **Gestione del Tempo:** La gestione del tempo è un'abilità cruciale per i coach che gestiscono un carico di lavoro impegnativo. Imparare a pianificare le sessioni in modo efficace, a gestire gli impegni e a bilanciare le esigenze dei clienti è fondamentale per evitare il burnout.

28. **Etica e Decisioni Difficili:** L'etica è una considerazione costante nella pratica del coaching, ma i coach dovrebbero anche essere pronti ad affrontare decisioni difficili. Ciò può includere la gestione di situazioni di conflitto, la terminazione di una relazione di coaching se necessario o la navigazione di sfide etiche complesse.

29. **Coaching di Gruppo:** Oltre al coaching individuale, il coaching di gruppo è un'area di crescita. Imparare a condurre sessioni di coaching efficaci con gruppi può espandere le

opportunità professionali e offrire una diversa
dinamica di apprendimento.

30. **Comunicazione Interculturale:** A un
mondo sempre più globale, la comunicazione
interculturale è essenziale. I coach dovrebbero
affinare le loro abilità per comunicare
efficacemente con clienti provenienti da diverse
culture, rispettando le differenze culturali e
adattando l'approccio di coaching quando
necessario.

31. **Conciliazione Lavoro-Vita:** Mantenere un
equilibrio tra lavoro e vita privata è essenziale
per il benessere del coach. Questo può richiedere
l'implementazione di strategie di auto-gestione,
come la pianificazione delle pause, l'allocazione
del tempo per il relax e la promozione della
propria salute fisica e mentale.

In conclusione, il processo di sviluppo continuo
del coach è profondo e variegato, abbracciando
una vasta gamma di competenze e competenze.
Questo impegno nell'evolversi e nell'apprendere
costantemente è ciò che distingue i coach di
successo e li equipaggia per affrontare le sfide in
continua evoluzione della pratica del coaching. È
una dimostrazione di dedizione alla professione e
di volontà di fornire il massimo valore ai clienti.

In conclusione, il **sviluppo continuo del coach** è un imperativo nella pratica del coaching. Questo processo non ha mai una fine, poiché il mondo è in costante evoluzione, e i clienti richiedono coach preparati e competenti che siano in grado di guidarli attraverso le sfide e le opportunità che si presentano. Ecco alcune considerazioni chiave per riassumere l'importanza dello sviluppo continuo:

1. **Adattamento e Aggiornamento:** Il coach deve essere pronto ad adattarsi a nuove sfide, tecnologie e tendenze. L'aggiornamento costante delle competenze e delle conoscenze è essenziale per rimanere rilevanti.

2. **Intuizione e Empatia:** Sviluppare una maggiore intuizione e empatia è cruciale per la comprensione profonda dei clienti. Queste abilità sono fondamentali per il successo del coaching.

3. **Coaching Generativo:** L'approccio generativo al coaching può aiutare a creare soluzioni innovative e a ispirare un futuro positivo per i clienti.

4. **Gestione del Tempo e Auto-Cura:** La gestione efficace del tempo e l'auto-cura sono fondamentali per evitare il burnout e mantenere l'energia e la motivazione.

5. **Comunicazione Interculturale:** Date le dinamiche globali, la comunicazione

interculturale è una competenza chiave per lavorare con clienti di diverse origini.

6. **Etica e Decisioni Difficili:** Affrontare situazioni etiche complesse e prendere decisioni difficili è parte integrante della pratica del coaching.

7. **Conciliazione Lavoro-Vita:** Mantenere un equilibrio tra lavoro e vita privata è essenziale per il benessere del coach.
   In sintesi, il coach che abbraccia lo sviluppo continuo è più preparato a rispondere alle esigenze dei clienti in un mondo in continua evoluzione. Questo impegno costante nell'apprendimento e nell'affinamento delle competenze è ciò che consente ai coach di eccellere nella loro professione e di offrire il massimo valore ai loro clienti. È un viaggio che non ha mai fine, poiché c'è sempre qualcosa di nuovo da imparare e migliorare.

15. Differenze Culturali: Considerazioni sulla formazione e il coaching in contesti multiculturali.

Le **differenze culturali** rappresentano un aspetto critico da considerare nella formazione e nel coaching, poiché influenzano notevolmente la comunicazione, le aspettative e le dinamiche relazionali tra coach e clienti. Ecco alcune importanti considerazioni in questo contesto:

1. **Consapevolezza Culturale:** La prima e più fondamentale considerazione è la consapevolezza culturale. Un coach deve essere consapevole delle proprie prospettive culturali, pregiudizi o stereotipi che potrebbero influenzare la sua interazione con clienti di diverse culture.

2. **Ascolto Attivo e Sensibilità:** Un coach dovrebbe praticare l'ascolto attivo e la sensibilità culturale, cercando di comprendere la prospettiva del cliente in modo aperto e rispettoso.

3. **Linguaggio e Comunicazione:** Le differenze linguistiche possono creare barriere nella comunicazione. È importante adattare il linguaggio e lo stile di comunicazione in modo che siano comprensibili e confortevoli per il cliente.

4. **Valori Culturali:** I valori culturali influenzano le aspettative e le priorità. Un coach dovrebbe essere attento ai valori del cliente e cercare di lavorare in armonia con essi.

5. **Dinamiche di Gruppo:** In alcune culture, le dinamiche di gruppo possono essere più importanti di quelle individuali. Questo può influenzare il coaching di team o gruppi in contesti aziendali.

6. **Approccio alla Leadership:** Le concezioni di leadership possono variare notevolmente tra culture. Un coach deve considerare il contesto

culturale del cliente quando si tratta di questioni di leadership.

7. **Sensibilità Religiosa:** La sensibilità religiosa è un'altra considerazione importante. Alcuni clienti possono avere valori e credenze religiose profonde che influenzano la loro visione del mondo e le loro decisioni.

8. **Norme Etiche:** Le norme etiche possono variare da cultura a cultura. Un coach dovrebbe essere consapevole delle differenze etiche e rispettare le norme culturali locali.

9. **Concetto di Tempo:** Il concetto di tempo varia notevolmente tra culture. Alcune culture sono orientate al futuro e puntuali, mentre altre possono essere più orientate al presente e meno rigide nei tempi.

10. **Differenze Generazionali:** Le differenze culturali possono anche essere legate alle diverse generazioni. Un coach dovrebbe considerare come l'età e l'esperienza influenzano le prospettive del cliente.

11. **Formazione Culturale:** Un coach dovrebbe cercare formazione specifica sulla consapevolezza culturale e la competenza interculturale per sviluppare abilità efficaci nel coaching di clienti provenienti da culture diverse.

12. **Coaching Personalizzato:** Il coaching dovrebbe essere personalizzato per adattarsi alle esigenze e alle preferenze individuali del cliente,

considerando le influenze culturali ma senza basarsi solo su stereotipi.

In definitiva, il coaching in contesti multiculturali richiede una comprensione approfondita delle differenze culturali e una capacità di adattare l'approccio in modo da rispettare e sostenere il cliente in modo appropriato. Un coach che opera con sensibilità culturale può aiutare i clienti provenienti da culture diverse a raggiungere i loro obiettivi e ad affrontare sfide in modo efficace, promuovendo una comunicazione aperta e rispettosa delle diversità culturali.

13. **Cultura di Apprendimento:** Le diverse culture possono avere approcci unici all'apprendimento. Alcune culture promuovono l'apprendimento individuale e l'autonomia, mentre altre valorizzano l'apprendimento collettivo e la guida dell'esperto. Un coach dovrebbe adattare il suo approccio per rispettare queste differenze.

14. **Rispetto per l'Autorità:** In alcune culture, il rispetto per l'autorità è fondamentale. I clienti potrebbero essere riluttanti a esprimere dubbi o a sfidare le idee del coach. Un coach deve creare un ambiente sicuro in cui il cliente si senta libero di condividere pensieri e preoccupazioni.

15. **Comunicazione Indiretta o Diretta:** Le norme culturali possono influenzare il modo in cui la gente comunica. Alcune culture preferiscono la comunicazione indiretta e possono usare suggerimenti o metafore, mentre altre sono più dirette. Un coach dovrebbe essere attento a queste differenze per evitare fraintendimenti.

16. **Concetto di Successo:** Le definizioni di successo possono variare notevolmente da cultura a cultura. Un coach deve esplorare il significato del successo con il cliente e aiutarlo a identificare obiettivi che rispecchino le sue prospettive culturali e personali.

17. **Gestione del Conflitto:** Le differenze culturali possono influenzare la gestione del conflitto. Alcune culture evitano il confronto aperto, mentre altre lo affrontano direttamente. Un coach dovrebbe essere in grado di navigare nelle dinamiche del conflitto in modo che siano costruttive, indipendentemente dalla cultura del cliente.

18. **Appropriazione Culturale:** Un coach dovrebbe anche essere consapevole dei rischi dell'appropriazione culturale. Questo si verifica quando una persona di una cultura dominante assume o adatta elementi di un'altra cultura senza comprenderne appieno il contesto. Il coach

dovrebbe evitare comportamenti che possano essere percepiti come insensibili o inappropriati.

19. **Fattori Socioeconomici:** Le differenze culturali possono anche essere legate a fattori socioeconomici. Ad esempio, il modo in cui una persona affronta il coaching potrebbe variare in base alla sua classe sociale, alle sue esperienze passate e alle sue risorse disponibili.

20. **Valutazione dei Risultati:** La valutazione dei risultati del coaching può variare in base alle aspettative culturali. Alcuni clienti potrebbero preferire indicatori di successo quantitativi, mentre altri potrebbero valorizzare i cambiamenti qualitativi nelle loro vite.

21. **Lavorare con Diversi Stili di Apprendimento:** Le diverse culture possono avere stili di apprendimento unici. Alcuni clienti possono preferire l'apprendimento visivo, mentre altri possono essere più orientati all'apprendimento esperienziale. Un coach dovrebbe adattare i metodi di insegnamento di conseguenza.

22. **Sensibilità al Contesto:** Le differenze culturali non sono solo legate a nazionalità o etnie, ma possono anche essere legate a esperienze personali o contesti specifici. Un coach dovrebbe essere sensibile a queste sfumature.

In breve, le differenze culturali possono arricchire la pratica del coaching, ma richiedono una sensibilità e una competenza specifiche da parte del coach. Un coach efficace dovrebbe essere disposto a imparare e adattarsi costantemente per soddisfare le esigenze dei clienti provenienti da background culturali diversi, creando un ambiente di coaching inclusivo e rispettoso.

23. **Flessibilità Culturale:** La flessibilità culturale è un'abilità chiave per un coach che lavora con clienti di diverse culture. Significa essere aperti al cambiamento e alla capacità di adattare il proprio approccio in modo appropriato alle esigenze culturali del cliente. La flessibilità culturale richiede un alto livello di consapevolezza e capacità di apprendimento continuo.

24. **Cultura Organizzativa:** Oltre alle differenze culturali nazionali o etniche, le organizzazioni possono avere culture aziendali distinte. Un coach dovrebbe essere in grado di comprendere e lavorare efficacemente con la cultura specifica dell'organizzazione del cliente, rispettando le sue norme e valori.

25. **Coaching di Leadership Multiculturale:** In un mondo globalizzato, i leader spesso gestiscono team multietnici o lavorano con partner internazionali. Un coach

specializzato in leadership multiculturale può
aiutare i leader a sviluppare le competenze
necessarie per avere successo in contesti
culturalmente diversi.

26. **Cultura e Motivazione:** Le culture
influenzano le motivazioni individuali e le
aspettative di successo. Un coach dovrebbe
essere in grado di riconoscere come le
motivazioni culturali influenzino il
comportamento del cliente e aiutarlo a definire
obiettivi che rispecchino la sua cultura
motivazionale.

27. **Integrazione di Valori Culturali:** Un
coach può lavorare con il cliente per integrare i
valori culturali nella sua leadership e nel suo stile
di vita. Questo può comportare la riflessione su
come mantenere l'identità culturale mentre si
adattano ai nuovi contesti.

28. **Comunità e Rete di Sostegno:** In
alcune culture, la comunità e la rete di sostegno
sono di grande importanza. Un coach può
incoraggiare il cliente a sfruttare queste risorse
culturali per il supporto e il successo personali e
professionali.

29. **Coaching Interculturale per Team:** Il
coaching interculturale può essere applicato non
solo a individui ma anche a team. Un coach può
aiutare team multiculturali a lavorare in modo

efficace, gestire conflitti culturali e sfruttare la diversità come vantaggio competitivo.

30. **Consapevolezza delle Norme Sociali:** Le norme sociali possono variare notevolmente tra culture. Un coach deve essere consapevole di queste norme e guidare il cliente nel rispetto delle aspettative sociali appropriate.

31. **Empowerment Culturale:** Il coaching può essere uno strumento di empowerment culturale. Un coach può aiutare i clienti a riconoscere e affrontare le sfide legate alla loro cultura, sviluppando una maggiore autostima e assertività.

32. **Ricerca e Formazione Continua:** Poiché le dinamiche culturali e le sfumature sono in costante evoluzione, un coach dovrebbe impegnarsi nella ricerca continua e nell'educazione culturale per rimanere aggiornato e competente nel suo lavoro.

In sintesi, la consapevolezza culturale e la competenza interculturale sono diventate competenze essenziali per i coach. Affrontare le sfide delle differenze culturali richiede una profonda comprensione e un impegno a fornire un coaching efficace e rispettoso in contesti culturalmente diversi. Un coach che riesce a navigare con successo tra queste sfide può aprire nuove opportunità per i clienti e contribuire alla promozione della diversità e dell'inclusione nelle organizzazioni e nella società.

In conclusione, la gestione delle **differenze culturali** in formazione e coaching è una sfida complessa ma essenziale. Il coaching efficace richiede una comprensione approfondita delle sfumature culturali e una sensibilità verso le differenze che possono influenzare significativamente la comunicazione e la relazione tra coach e cliente.
La competenza interculturale è fondamentale per un coach che desidera avere successo in contesti culturalmente diversi. Questa competenza non riguarda solo la conoscenza delle differenze culturali, ma anche la capacità di adattare l'approccio in modo rispettoso, senza giudizio e senza stereotipi. Significa essere in grado di mettersi nei panni del cliente, ascoltare attentamente le sue esigenze e rispettarne la prospettiva.
Un coach dovrebbe cercare formazione specifica sulla consapevolezza culturale e impegnarsi in un percorso di auto-riflessione costante per riconoscere i propri pregiudizi culturali e lavorare su di essi. La consapevolezza culturale è una qualità chiave per un coach che desidera promuovere l'inclusione e il rispetto delle differenze culturali nella pratica del coaching.

Inoltre, il coaching può svolgere un ruolo importante nell'aiutare i clienti a navigare le sfide legate alla loro cultura, sviluppando una maggiore autostima, assertività e fiducia. Un coach può essere un alleato prezioso per i clienti che desiderano mantenere la loro identità culturale mentre cercano di raggiungere i propri obiettivi personali e professionali.

In definitiva, il coaching in contesti multiculturali è una sfida gratificante che offre l'opportunità di imparare, crescere e connettersi con persone provenienti da diverse culture. Un coach che abbraccia questa sfida con apertura mentale e sensibilità può fare una differenza significativa nella vita dei clienti e contribuire alla promozione di un mondo più inclusivo e rispettoso delle differenze culturali.

16. Coaching di Gruppo vs Individuale:
Caratteristiche, vantaggi e sfide di ciascun
approccio.

Il **coaching di gruppo** e il **coaching individuale** sono due approcci distinti utilizzati dai coach per supportare i loro clienti. Ognuno ha caratteristiche, vantaggi e sfide uniche. Esaminiamo in dettaglio entrambi gli approcci:

**Coaching Individuale:**

1. **Personalizzazione:** Il coaching individuale è altamente personalizzato e focalizzato su un singolo cliente. Questo consente al coach di adattare completamente l'approccio e le sessioni alle esigenze specifiche del cliente.

2. **Confidenzialità:** Le sessioni di coaching individuale sono spesso altamente confidenziali, il che può incoraggiare il cliente a condividere pensieri, emozioni e sfide personali in un ambiente sicuro.

3. **Obiettivi Specifici:** Il coaching individuale è particolarmente efficace quando il cliente ha obiettivi personali specifici da raggiungere e richiede un supporto personalizzato per farlo.

4. **Approfondimento:** Le sessioni individuali consentono un approfondimento dettagliato su questioni personali e professionali. Il cliente può esplorare più a fondo i suoi pensieri e le sue emozioni.

5. **Flessibilità Temporale:** Le sessioni possono essere pianificate in base alla disponibilità del cliente e possono essere più flessibili in termini di orario.

**Sfide del Coaching Individuale:**

1. **Costi:** Il coaching individuale può essere costoso a causa della personalizzazione e dell'attenzione dedicata al singolo cliente.

2. **Tempo:** Richiede tempo e risorse significative sia per il coach che per il cliente, il che potrebbe non essere sempre pratico.

3. **Mancanza di Diversità di Prospettive:** Le sessioni individuali potrebbero mancare della diversità di prospettive e del confronto interpersonale che il coaching di gruppo può offrire.

**Coaching di Gruppo:**

1. **Diversità di Prospettive:** Il coaching di gruppo offre una varietà di prospettive poiché coinvolge più partecipanti. Questa diversità può portare a idee innovative e soluzioni creative.

2. **Crescita attraverso il Feedback:** I partecipanti al coaching di gruppo possono beneficiare del feedback degli altri membri del gruppo, il che può essere un potente catalizzatore per la crescita personale e professionale.

3. **Costi Ridotti:** Spesso il coaching di gruppo è più economico rispetto a quello individuale, rendendolo accessibile a un pubblico più ampio.

4. **Sostegno tra Pari:** I partecipanti possono offrire sostegno reciproco e connessioni tra pari, creando un ambiente di apprendimento solidale.

**Sfide del Coaching di Gruppo:**

1. **Mancanza di Personalizzazione:** Poiché le sessioni di coaching di gruppo sono condivise tra i partecipanti, potrebbero non affrontare in dettaglio le esigenze individuali.

2. **Confidenzialità Limitata:** Nonostante la discrezione, le sessioni di coaching di gruppo potrebbero non offrire lo stesso livello di confidenzialità delle sessioni individuali.

3. **Possibili Dinamiche di Gruppo:** Le dinamiche del gruppo possono influenzare positivamente o negativamente l'esperienza del coaching. Alcuni partecipanti potrebbero essere più dominanti, mentre altri potrebbero essere più riservati.

In conclusione, entrambi gli approcci hanno il loro posto nel mondo del coaching e possono essere altamente efficaci in diverse situazioni. La scelta tra coaching individuale e di gruppo dipende dalle esigenze, dalle preferenze e dalle risorse del cliente. Alcuni clienti potrebbero trarre beneficio da una combinazione di entrambi gli approcci in base alle sfide specifiche che affrontano. L'abilità del coach sta nel valutare attentamente quale approccio sia più appropriato per il cliente e nel fornire il supporto

necessario per il loro sviluppo personale e
professionale.

**Coaching Individuale:**

6. **Approfondimento Emozionale:** Il coaching individuale consente un approfondimento più intenso delle emozioni e delle sfide personali del cliente. Il cliente ha l'opportunità di esplorare sentimenti profondi e di affrontare questioni altamente personali con il coach.

7. **Privacy e Riservatezza:** Le sessioni individuali garantiscono un alto livello di privacy e riservatezza, il che può essere cruciale per i clienti che desiderano affrontare questioni sensibili o confidenziali.

8. **Focus su un Singolo Cliente:** Il coach può concentrarsi esclusivamente sul cliente durante le sessioni individuali, senza distrazioni o interruzioni da parte di altri partecipanti. Ciò permette una maggiore profondità nella relazione coach-cliente.

9. **Pianificazione Dettagliata:** Il coaching individuale permette di pianificare dettagliatamente il percorso del cliente, definendo obiettivi specifici e misurabili che sono direttamente rilevanti per lui.

**Coaching di Gruppo:**

4. **Apprendimento da Diverse Prospettive:** In un contesto di coaching di gruppo, i partecipanti provengono da sfondi e prospettive diverse. Questa diversità può arricchire l'apprendimento poiché ciascun partecipante può contribuire con le proprie esperienze uniche.

5. **Sostegno tra Pari:** I membri del gruppo possono offrire sostegno reciproco e condividere soluzioni o strategie che hanno funzionato per loro. Questo può creare un senso di comunità e appartenenza.

6. **Riduzione dell'Isolamento:** Il coaching di gruppo può aiutare a ridurre la sensazione di isolamento o solitudine, poiché i partecipanti scoprono che affrontano sfide simili ad altre persone.

7. **Sfide Realistiche:** Le dinamiche di gruppo possono simulare meglio le sfide reali che le persone affrontano nei loro ambienti di lavoro o nella vita quotidiana. Questo può rendere il coaching di gruppo altamente pratico.

**Sfide del Coaching di Gruppo:**

4. **Tempo Limitato:** In una sessione di coaching di gruppo, il tempo può essere limitato e il coach deve gestirlo accuratamente per assicurarsi che ciascun partecipante abbia l'opportunità di partecipare e ricevere supporto.

5. **Dinamiche di Gruppo Complesse:** Le dinamiche di gruppo possono essere complesse e richiedere una gestione attenta. Il coach deve garantire che il gruppo sia rispettoso e che ciascun partecipante si senta ascoltato.

6. **Difficoltà nel Personalizzare:** Il coaching di gruppo potrebbe non essere altrettanto personalizzato dell'approccio individuale, il che significa che alcune questioni personali potrebbero non essere trattate con la stessa profondità.

In sintesi, la scelta tra coaching individuale e di gruppo dipende dalle esigenze, dalle preferenze e dalle circostanze del cliente. Entrambi gli approcci hanno il potenziale per favorire la crescita e lo sviluppo personale e professionale. Alcuni clienti possono trarre vantaggio dall'approccio più intimo e personalizzato del coaching individuale, mentre altri possono trovare valore nell'interazione e nel supporto di un gruppo. Il ruolo del coach è guidare il cliente nella scelta dell'approccio più adatto e fornire il supporto necessario per il loro percorso di sviluppo.

10. **Concentrazione su Obiettivi Personali:** Il coaching individuale è particolarmente efficace quando si tratta di obiettivi strettamente personali. Il cliente può lavorare in profondità sui propri obiettivi, sfide e aspirazioni senza distrazioni esterne.

11. **Rapporto Coach-Cliente:** Le sessioni individuali permettono allo coach di sviluppare un rapporto molto stretto e concentrato con il cliente. Questo può favorire una comunicazione aperta e una maggiore fiducia reciproca.

12. **Esplorazione Dettagliata:** Il coaching individuale offre al cliente l'opportunità di esplorare in modo dettagliato questioni complesse e profonde, spesso richiedendo un livello di riflessione e introspezione più elevato.

13. **Personalizzazione Estrema:** Le sessioni individuali possono essere altamente personalizzate, dal processo di pianificazione delle sessioni alle tecniche e agli esercizi utilizzati. Ciò consente al coach di adattare completamente l'approccio alle esigenze specifiche del cliente.

**Coaching di Gruppo:**

8. **Sviluppo delle Abilità Sociali:** Il coaching di gruppo può essere utile per lo sviluppo delle abilità sociali e relazionali. I partecipanti imparano a comunicare in un contesto di gruppo e ad ascoltare attivamente le opinioni degli altri.

9. **Apprendimento dall'Esperienza degli Altri:** Un vantaggio unico del coaching di gruppo è la possibilità di apprendere dall'esperienza e dalle sfide degli altri partecipanti. Ciò può accelerare il processo di apprendimento individuale.

10. **Applicazione Pratica:** Le dinamiche di gruppo possono consentire un'applicazione pratica delle competenze apprese. I partecipanti possono esercitarsi nelle interazioni di gruppo durante le sessioni stesse.

11. **Diversità di Prospettive:** In un gruppo di coaching, si trovano persone con diverse esperienze, sfondi e punti di vista. Questa diversità può portare a discussioni approfondite e a una maggiore consapevolezza delle sfide interculturali.

**Sfide del Coaching di Gruppo:**

7. **Tempo Condiviso:** Nelle sessioni di coaching di gruppo, il tempo è condiviso tra i partecipanti, il che significa che ciascun individuo ha meno tempo a disposizione rispetto al coaching individuale.

8. **Sensibilità alle Dinamiche di Gruppo:** Il coach deve essere attento alle dinamiche di gruppo e alla gestione delle relazioni tra i partecipanti. Le tensioni o i conflitti all'interno del gruppo richiedono una gestione accurata.

9. **Personalizzazione Limitata:** Il coaching di gruppo potrebbe non essere altrettanto personalizzato quanto il coaching individuale, il che significa che alcune questioni personali potrebbero non essere affrontate in modo dettagliato.

In conclusione, sia il coaching individuale che quello di gruppo hanno vantaggi e sfide specifiche. La scelta tra i due dipenderà dalle esigenze, dalle preferenze e dalle circostanze del cliente. Alcuni clienti possono beneficiare di entrambi gli approcci, utilizzando il coaching individuale per questioni altamente personali e il coaching di gruppo per la crescita delle competenze sociali e la condivisione delle esperienze. La chiave per un coach è guidare il cliente nella scelta dell'approccio più appropriato e offrire un supporto di alta qualità per il loro sviluppo personale e professionale.

In conclusione, il **coaching individuale** e il **coaching di gruppo** sono due approcci complementari nel campo dello sviluppo personale e professionale. Ciascun approccio ha i propri punti di forza e le proprie sfide, ed è fondamentale selezionare l'opzione più adatta alle esigenze del cliente e agli obiettivi di apprendimento.

Il coaching individuale eccelle nell'offrire un'attenzione personalizzata, una profonda esplorazione delle sfide e una maggiore confidenzialità. È ideale quando i clienti hanno obiettivi altamente personali da raggiungere, affrontano questioni sensibili o richiedono un'approfondita introspezione. La relazione stretta tra coach e cliente è spesso alla base del successo del coaching individuale.

D'altra parte, il coaching di gruppo offre un ambiente in cui i partecipanti possono imparare dalle esperienze reciproche, sviluppare competenze sociali, e beneficiare della diversità delle prospettive presenti. È spesso una scelta più economica e può essere efficace per lo sviluppo delle abilità di comunicazione e la condivisione di sfide comuni.

Il ruolo del coach è quello di guidare il cliente nella scelta dell'approccio più adatto, tenendo conto delle sue esigenze, degli obiettivi e della personalità. In molti casi, il coach potrebbe combinare entrambi gli approcci, iniziando con sessioni individuali per stabilire obiettivi e affrontare questioni personali, e poi integrando il coaching di gruppo per migliorare le competenze sociali e promuovere la condivisione di esperienze.

Infine, sia nel coaching individuale che in quello di gruppo, l'elemento chiave è la qualità del processo di coaching e la competenza del coach nel facilitare il cambiamento e lo sviluppo del cliente. La scelta tra i due approcci dovrebbe essere guidata dal desiderio di massimizzare il valore e l'efficacia del coaching per il cliente, creando un ambiente di apprendimento che risponda in modo ottimale alle sue esigenze specifiche.

17. Il Futuro del Coaching e della Formazione: Tendenze emergenti e anticipazioni su dove stiamo andando come settore.

Esplorare il futuro del coaching e della formazione è una prospettiva affascinante, poiché il settore continua a evolversi in risposta alle mutevoli esigenze della società e delle organizzazioni. Ecco alcune delle tendenze emergenti e le anticipazioni su dove potremmo andare come settore del coaching e della formazione:

1. **Crescita Continua:** La domanda di servizi di coaching e formazione è destinata a crescere ulteriormente. Le organizzazioni e gli individui cercano costantemente di migliorare le proprie

performance e acquisire nuove competenze per rimanere competitivi in un mondo in rapida evoluzione.

2. **Tecnologia Avanzata:** La tecnologia continuerà a giocare un ruolo centrale. Le piattaforme online, le app e gli strumenti di analisi dei dati consentiranno il coaching e la formazione a distanza, rendendo più accessibili i servizi a una vasta gamma di clienti in tutto il mondo.

3. **Personalizzazione Estrema:** La personalizzazione diventerà sempre più importante. I programmi di coaching e formazione saranno adattati alle esigenze specifiche di ciascun cliente, utilizzando l'analisi dei dati per identificare le aree di miglioramento più rilevanti.

4. **Coaching Basato sulla Scienza:** Il coaching basato sulla ricerca scientifica acquisirà ulteriore importanza. I coach utilizzeranno teorie e approcci scientificamente validati per massimizzare l'efficacia delle loro pratiche.

5. **Mentalità di Apprendimento Continuo:** La mentalità di apprendimento continuo sarà fondamentale. Le organizzazioni promuoveranno la cultura dell'apprendimento, incoraggiando i dipendenti a impegnarsi in sessioni di coaching e formazione per migliorare le loro competenze e adattarsi ai cambiamenti.

6. **Diversità e Inclusione:** La consapevolezza della diversità e dell'inclusione sarà al centro del coaching e della formazione. I coach dovranno essere preparati ad affrontare questioni legate alla diversità culturale, di genere e di background.

7. **Sostenibilità:** La sostenibilità diventerà un tema importante. Le organizzazioni cercheranno sempre più di integrare pratiche sostenibili nei loro programmi di formazione e sviluppo.

8. **Intelligenza Emotiva:** L'intelligenza emotiva rimarrà un aspetto cruciale del coaching e della formazione. Aiutare le persone a comprendere ed esprimere le proprie emozioni, così come gestire le relazioni interpersonali, sarà un obiettivo fondamentale.

9. **Crescita del Coaching Interno:** Le organizzazioni svilupperanno sempre più programmi di coaching interni, formando dipendenti interni come coach per supportare lo sviluppo dei loro colleghi.

10. **Coaching per la Salute e il Benessere:** Il coaching per la salute e il benessere diventerà più rilevante, con un'attenzione crescente al benessere psicologico e all'equilibrio tra lavoro e vita personale.

11. **Coaching Virtuale e Realtà Aumentata:** L'uso della realtà virtuale e aumentata potrebbe

rivoluzionare il coaching e la formazione, offrendo esperienze immersive e interattive.

12. **Integrazione dell'IA:** L'intelligenza artificiale potrebbe essere utilizzata per migliorare l'analisi dei dati e la personalizzazione delle esperienze di coaching e formazione.

In sintesi, il futuro del coaching e della formazione si presenta luminoso e in costante evoluzione. Il settore si adatterà alle sfide e alle opportunità emergenti, continuando a fornire servizi di alta qualità per aiutare le persone e le organizzazioni a raggiungere il loro massimo potenziale. La chiave sarà per i coach e gli esperti di formazione rimanere aggiornati sulle tendenze e sfruttare le nuove tecnologie e le migliori pratiche per offrire risultati significativi ai loro clienti.

13. **Coaching Generazionale:** A misura che diverse generazioni continuano a condividere lo spazio di lavoro, emergerà la necessità di adattare il coaching e la formazione per soddisfare le preferenze e le aspettative delle diverse coorti generazionali. Ad esempio, i millennial e la generazione Z potrebbero richiedere un approccio più tecnologico e informale, mentre le generazioni più anziane potrebbero preferire metodi di apprendimento più tradizionali.

14. **Apprendimento Continuo Online:** L'apprendimento online e l'e-learning continueranno a crescere in popolarità. I programmi di formazione saranno sempre più accessibili tramite piattaforme digitali, consentendo agli individui di apprendere a proprio ritmo e in base alle proprie esigenze.

15. **Focus sulla Valutazione dell'Impatto:** Sarà essenziale misurare l'efficacia del coaching e della formazione attraverso metriche chiare e obiettive. Le organizzazioni vorranno vedere un ritorno sull'investimento tangibile e un miglioramento delle prestazioni dei dipendenti.

16. **Coaching di Leadership:** Il coaching di leadership rimarrà una componente chiave per la crescita delle organizzazioni. La formazione dei leader diventerà sempre più orientata alla creazione di ambienti di lavoro inclusivi, alla gestione del cambiamento e alla guida delle squadre in un mondo in rapida evoluzione.

17. **Sviluppo di Competenze Soft:** Le competenze soft, come la comunicazione, la resilienza e la creatività, saranno sempre più valorizzate. Il coaching e la formazione si concentreranno su queste competenze, poiché sono fondamentali per il successo in un ambiente di lavoro in continua trasformazione.

18. **Coaching per l'Intelligenza Artificiale:** Con l'adozione crescente dell'intelligenza artificiale e dell'automazione, potrebbe emergere la necessità di un coaching specifico per aiutare i lavoratori a gestire la transizione verso nuovi ruoli e responsabilità in un mondo sempre più tecnologico.

19. **Sicurezza e Consapevolezza Digitale:** Data la crescente minaccia delle violazioni della sicurezza informatica e delle frodi online, il coaching potrebbe estendersi alla sensibilizzazione digitale e alla sicurezza delle informazioni.

20. **Coaching e Sostenibilità:** Con l'accento sempre maggiore sull'ambiente e la sostenibilità, potrebbero emergere programmi di coaching dedicati a promuovere comportamenti e decisioni sostenibili sia a livello individuale che organizzativo.

21. **Educazione nel Corso della Vita:** L'idea di apprendimento e sviluppo lungo tutto l'arco della vita prenderà piede. Le persone continueranno a cercare opportunità di crescita e cambiamento professionale in diverse fasi della loro carriera.

22. **Coaching Politico e Sociale:** Il coaching potrebbe estendersi al settore politico e sociale, aiutando i leader e gli attivisti a sviluppare competenze di leadership e ad affrontare

questioni complesse come la giustizia sociale, la diversità e l'inclusione.

In questo panorama in continua evoluzione, il coaching e la formazione continueranno a essere motori di cambiamento e crescita sia per gli individui che per le organizzazioni. Sarà essenziale rimanere flessibili, aperti all'innovazione e all'adattamento per affrontare le sfide emergenti e capitalizzare sulle opportunità nel settore del coaching e della formazione.

23. **Sviluppo delle Competenze Tecnologiche:** Con la sempre crescente digitalizzazione del lavoro, il coaching e la formazione si concentreranno sempre più sullo sviluppo delle competenze tecnologiche. Ciò potrebbe includere l'apprendimento di competenze legate all'uso di strumenti di automazione, intelligenza artificiale e analisi dei dati.

24. **Coaching Agile e Scrum:** Metodologie come Agile e Scrum, originariamente sviluppate nel contesto dello sviluppo software, stanno guadagnando terreno in altre industrie. Il coaching Agile si concentrerà sull'adattabilità, sulla gestione del cambiamento e sulla collaborazione interfunzionale.

25.	**Salute Mentale e Benessere:** La crescente consapevolezza dell'importanza della salute mentale ha portato a una maggiore richiesta di coaching e formazione incentrati sulla gestione dello stress, la resilienza emotiva e il benessere generale. Questi programmi mirano a sostenere gli individui nella gestione delle sfide psicologiche.

26.	**Coaching di Gruppo Ibrido:** Con l'uso diffuso del lavoro da remoto, il coaching di gruppo potrebbe evolversi in formati ibridi che combinano sessioni virtuali e in presenza. Ciò permetterà ai partecipanti di connettersi da diverse località.

27.	**Sicurezza Informatica e Protezione dei Dati:** In un mondo in cui la sicurezza informatica è una preoccupazione costante, il coaching e la formazione potrebbero concentrarsi su come individui e organizzazioni possono proteggere meglio i propri dati e sistemi.

28.	**Responsabilità Sociale delle Organizzazioni:** Il coaching potrebbe svolgere un ruolo nella guida delle organizzazioni verso una maggiore responsabilità sociale. Questo potrebbe includere programmi di formazione sulla diversità e l'inclusione, sulla sostenibilità e sull'etica aziendale.

29. **Personal Branding e Presenza Online:** A livello individuale, il coaching potrebbe aiutare le persone a sviluppare un forte personal branding e una presenza online efficace. Questo è sempre più importante in un mondo in cui la visibilità online può influenzare la carriera e le opportunità.

30. **Coaching Sportivo e delle Prestazioni Artistiche:** Oltre al coaching aziendale e personale, ci sarà una crescente domanda di coaching nelle aree dello sport e delle arti performative. Questi programmi si concentreranno sulla massimizzazione delle prestazioni e sulla gestione dello stress in situazioni ad alta pressione.

31. **Educazione Esperienziale:** Il coaching e la formazione potrebbero incorporare metodi di educazione esperienziale, dove gli individui imparano attraverso l'esperienza pratica e la simulazione di situazioni reali.

32. **Coaching per l'Imprenditorialità:** Con sempre più persone che intraprendono percorsi imprenditoriali, il coaching per l'impresa diventerà sempre più rilevante. Questi programmi si concentreranno sulle competenze necessarie per avviare e gestire con successo un'azienda.

Il settore del coaching e della formazione è dinamico e si adatta costantemente alle esigenze emergenti. Come professionisti del settore, sarà importante rimanere informati sulle tendenze in evoluzione e sfruttare queste conoscenze per offrire servizi di alta qualità ai clienti.

In chiusura, il futuro del coaching e della formazione si presenta come un territorio affascinante e in continua evoluzione, con un'ampia gamma di opportunità e sfide. L'evoluzione digitale, la crescente complessità delle organizzazioni e la crescente consapevolezza dell'importanza dell'apprendimento continuo stanno guidando la domanda di servizi di coaching e formazione più personalizzati, accessibili e basati sulla scienza. Per rimanere rilevanti e di valore nel settore del coaching e della formazione, i professionisti dovranno:

- Essere agili e aperti all'innovazione, adattandosi rapidamente ai cambiamenti tecnologici e alle nuove esigenze dei clienti.
- Integrare la tecnologia in modo intelligente nei loro servizi, sfruttando le opportunità offerte dalla formazione online, dalla valutazione basata sui dati e dalla virtualizzazione delle sessioni di coaching.
- Mantenere un approccio basato sulla ricerca scientifica, utilizzando metodi e tecniche

comprovati per massimizzare l'efficacia del coaching e della formazione.

- Promuovere una cultura di apprendimento continuo, sia a livello individuale che organizzativo, riconoscendo che il successo richiede un impegno costante nello sviluppo delle competenze e nella gestione del cambiamento.
- Abbracciare la diversità e l'inclusione come parte integrante del coaching e della formazione, riconoscendo che ogni individuo è unico e ha esigenze specifiche.
- Valutare attentamente l'impatto dei propri programmi di coaching e formazione, dimostrando il valore tangibile che offrono ai clienti e alle organizzazioni.
- Collaborare con esperti in settori correlati, come la psicologia, la tecnologia e la leadership, per arricchire la propria conoscenza e le proprie competenze.
- Mantenere un forte senso di etica e integrità, rispettando la riservatezza dei clienti e operando in modo professionale e responsabile.

Il settore del coaching e della formazione ha il potenziale per continuare a trasformare le vite degli individui e il successo delle organizzazioni. Tuttavia, questo richiede un impegno costante nell'innovazione, nell'apprendimento e nell'adattamento alle mutevoli esigenze del mondo moderno. In definitiva, il futuro è luminoso per coloro che abbracciano il cambiamento e si sforzano di guidare il miglioramento continuo nelle persone e nelle organizzazioni che servono.

18. Certificazioni e Accreditamenti: L'importanza della formazione certificata e come scegliere un percorso formativo.

La formazione certificata e gli accreditamenti rivestono un ruolo fondamentale nel settore del coaching e della formazione. Rappresentano un modo per garantire che i coach e i formatori abbiano le competenze e le conoscenze necessarie per offrire servizi di alta qualità. Ecco perché sono importanti e come scegliere un percorso formativo certificato:

**Importanza della Formazione Certificata:**

1. **Credibilità e Affidabilità:** Le certificazioni e gli accreditamenti conferiscono credibilità. Dimostrano che il coach o il formatore ha seguito un programma di formazione riconosciuto e che è in grado di fornire servizi di qualità.

2. **Competenza e Conoscenza:** La formazione certificata è progettata per fornire una base solida di competenze e conoscenze. I programmi formativi spaziano da quelli di base a quelli avanzati, coprendo vari aspetti del coaching e della formazione.

3. **Standard Etici e Professionali:** Le organizzazioni di certificazione spesso richiedono che i coach e i formatori seguano standard etici e professionali. Ciò contribuisce a proteggere i clienti da pratiche non etiche.

4. **Miglioramento Continuo:** La formazione certificata spesso richiede il completamento di ore di formazione continua o l'aggiornamento delle competenze. Questo promuove il miglioramento continuo dei professionisti.

5. **Riconoscimento Globale:** Alcune certificazioni sono riconosciute a livello globale, il che può aumentare le opportunità di lavoro e di collaborazione internazionale.

**Come Scegliere un Percorso Formativo Certificato:**

1. **Ricerca delle Opzioni:** Iniziate cercando programmi di formazione certificata riconosciuti nel campo del coaching o della formazione in cui siete interessati.

2. **Valutate le Esigenze:** Valutate le vostre esigenze specifiche. Avete bisogno di una certificazione di coaching esecutivo, di leadership, di vita o di formazione? Quali competenze specifiche desiderate acquisire?

3. **Verificate le Organizzazioni di Certificazione:** Assicuratevi che le organizzazioni che offrono la certificazione siano riconosciute e rispettate nel settore. Ricerca il

loro background, il loro track record e i criteri di certificazione.

4. **Esamina il Curriculum:** Analizzate il curriculum del programma formativo. Cosa verrà insegnato? Le competenze coperte soddisfano le vostre esigenze?

5. **Requisiti di Ammissione:** Verificate i requisiti di ammissione. Alcuni programmi potrebbero richiedere una laurea o esperienza pregressa.

6. **Costi e Durata:** Considerate i costi del programma e la sua durata. Assicuratevi che sia compatibile con il vostro budget e la vostra disponibilità di tempo.

7. **Recensioni e Raccomandazioni:** Cerca recensioni e testimonianze da parte di persone che hanno completato il programma. Chiedete raccomandazioni a professionisti del settore.

8. **Accreditamenti e Riconoscimenti:** Verificate se il programma è accreditato da organizzazioni riconosciute nel settore. Ciò può confermare la qualità della formazione.

9. **Sostenibilità:** Considerate come il programma supporta il vostro sviluppo a lungo termine. Offre opportunità di formazione continua?

10. **Chiedi Informazioni:** Non esitate a contattare il fornitore di formazione per chiedere ulteriori informazioni e chiarimenti.

11. **Valuta l'Insegnante o il Facilitatore:**
L'insegnante o il facilitatore del programma è altrettanto importante quanto il curriculum. Valutate la loro esperienza, competenza e approccio didattico.

12. **Raggiungere una Decisione Informata:**
Dopo aver esaminato attentamente tutte queste considerazioni, prendete una decisione informata sulla scelta del programma di formazione certificata che meglio si adatta alle vostre esigenze e obiettivi.

In conclusione, la formazione certificata è un passo importante per svilupparsi come coach o formatore. Assicuratevi di fare una ricerca approfondita e prendere una decisione ponderata per massimizzare il valore della vostra formazione e garantire un futuro di successo nel settore.

**L'Importanza dell'Aggiornamento e della Formazione Continua:** Una delle chiavi per eccellere nel campo del coaching e della formazione è il costante aggiornamento delle competenze e delle conoscenze. Anche dopo aver ottenuto una certificazione, i professionisti devono impegnarsi in un apprendimento continuo per rimanere al passo con le ultime tendenze, metodologie e ricerche nel settore. Questo è particolarmente importante in un mondo in rapida evoluzione, dove nuove sfide e opportunità emergono costantemente.

**Differenza tra Certificazione e Accreditamento:** È importante comprendere la differenza tra una certificazione e un accreditamento. Una certificazione è spesso rilasciata da un organismo di certificazione indipendente dopo che un individuo ha completato con successo un programma di formazione specifico. D'altro canto, un accreditamento riguarda spesso il riconoscimento di un'organizzazione di formazione da parte di un'autorità o di un'associazione di settore. Entrambi sono importanti, ma servono a scopi leggermente diversi.

**Impatto sulla Carriera:** Le certificazioni e gli accreditamenti possono avere un impatto significativo sulla carriera dei professionisti del coaching e della formazione. Possono aprire porte a nuove opportunità lavorative, migliorare la credibilità presso i clienti e le organizzazioni, e contribuire all'aumento della redditività. Alcuni clienti e organizzazioni possono richiedere specifiche certificazioni come requisito per l'assunzione o la selezione di un coach o formatore.

**Scegliere la Certificazione Giusta:** La scelta della certificazione giusta è cruciale. Dovete valutare attentamente quali competenze e conoscenze desiderate acquisire e quali aree del coaching o della formazione volete specializzarvi. Ad esempio, se siete interessati al coaching esecutivo, cercate programmi che offrano una certificazione in questo campo specifico.

**Requisiti di Certificazione:** Ogni programma di certificazione avrà i propri requisiti. Questi requisiti possono variare in termini di esperienza pregressa, laurea o altri prerequisiti. Prima di iniziare il percorso di certificazione, assicuratevi di soddisfare tutti i requisiti.

**Processo di Certificazione:** Il processo di certificazione può includere corsi teorici, formazione pratica, supervisione e valutazioni. Questo assicura che i partecipanti abbiano una comprensione approfondita delle competenze e delle metodologie richieste nel loro campo di specializzazione.

**Esame di Certificazione:** Molte certificazioni richiedono la superazione di un esame. Questo verifica la vostra comprensione dei concetti e delle competenze insegnate durante il programma di formazione.

**Formazione Continua:** Dopo aver ottenuto la certificazione, è fondamentale impegnarsi in formazione continua. Questo vi permette di rimanere aggiornati e di continuare a migliorare le vostre competenze. Alcune organizzazioni di certificazione richiedono un certo numero di ore di formazione continua per mantenere la certificazione attiva.

**Riconoscimento Internazionale:** Alcune certificazioni sono riconosciute a livello internazionale, il che può essere vantaggioso se pianificate di lavorare in diversi paesi o se cercate opportunità a livello globale.

In sintesi, la formazione certificata e gli accreditamenti sono pilastri fondamentali per il successo nel coaching e nella formazione. Scegliere il programma di certificazione giusto e impegnarsi nell'apprendimento continuo sono passi essenziali per costruire una carriera solida e influente in questo campo in rapida crescita. Certificazioni e accreditamenti nel campo del coaching e della formazione rappresentano una sorta di "marchio di qualità" che assicura che i professionisti abbiano raggiunto determinati standard di competenza e pratiche etiche. In questo contesto, possiamo esplorare ulteriori aspetti chiave:

**Valore dell'Investimento:** Molti professionisti vedono la formazione certificata come un investimento nella loro carriera. Sebbene possa comportare costi iniziali, l'acquisizione di una certificazione può aumentare notevolmente le opportunità di guadagno e migliorare il valore percepito dai clienti e dai datori di lavoro.

**Competizione nel Settore:** Il settore del coaching e della formazione è competitivo, e avere una certificazione può conferire un vantaggio significativo. I clienti spesso cercano professionisti con credenziali riconosciute per assicurarsi di ricevere servizi di alta qualità.

**Accreditamenti di Organizzazioni:** È importante verificare se le organizzazioni di certificazione stesse siano accreditate. Le organizzazioni di certificazione rispettabili dovrebbero essere riconosciute da istituzioni o associazioni di settore rispettate.

**Differenze Regionali:** Le esigenze di certificazione possono variare da una regione all'altra. Ad esempio, le certificazioni accettate negli Stati Uniti potrebbero non essere riconosciute altrove. Se si intende lavorare in diverse regioni geografiche, è importante comprendere le esigenze specifiche per ciascuna.

**Certificazioni Specializzate:** Oltre alle certificazioni di base, ci sono numerose certificazioni specializzate in settori come il coaching aziendale, il coaching di vita, il coaching sportivo, la formazione manageriale, la formazione aziendale, ecc. È importante scegliere quelle che si allineano meglio con i propri interessi e obiettivi di carriera.

**Soddisfare le Esigenze dei Clienti:** I clienti spesso cercano coach e formatori con certificazioni riconosciute perché ciò offre loro una maggiore fiducia nella qualità del servizio ricevuto. Quando i clienti si rendono conto che lavorano con un professionista certificato, possono sentirsi più a loro agio e fidarsi di più del processo di coaching o formazione.

**Norme Etiche e Professionali:** Le organizzazioni di certificazione spesso stabiliscono norme etiche e professionali che i professionisti devono seguire. Queste norme promuovono comportamenti etici, riservatezza e responsabilità professionale.

**Raggiungere Obiettivi di Carriera:** Acquisire una certificazione può essere un passo fondamentale per chi aspira a ruoli di leadership, direzione, o consulenza in settori specifici. Le certificazioni forniscono le competenze e la credibilità necessarie per competere in questi ruoli.

**Comunità di Professionisti Certificati:** Essere parte di una comunità di professionisti certificati può offrire opportunità di networking, scambio di conoscenze e supporto reciproco. Questa rete può essere preziosa nella crescita della propria carriera.

In conclusione, le certificazioni e gli accreditamenti sono componenti vitali per il successo dei professionisti nel coaching e nella formazione. Tuttavia, è fondamentale scegliere con saggezza le certificazioni che meglio soddisfano le proprie esigenze e obiettivi di carriera, considerando anche l'importanza di un impegno costante nell'apprendimento continuo e nell'aderenza a norme etiche e professionali.

In chiusura, le certificazioni e gli accreditamenti rappresentano pietre miliari nella carriera di professionisti nel coaching e nella formazione. Questi riconoscimenti non solo conferiscono credibilità e competenza, ma possono anche aprire porte a nuove opportunità e promuovere un maggior successo nel settore. Tuttavia, è essenziale affrontare questa scelta in modo oculato e ponderato.

1. **Investimento Strategico:** Considerate la formazione certificata come un investimento strategico nella vostra carriera. Benché possa comportare costi iniziali, i benefici a lungo termine, tra cui un aumento delle opportunità professionali e una maggiore credibilità, spesso superano ampiamente gli investimenti iniziali.

2. **Allineamento con Obiettivi:** Assicuratevi che le certificazioni scelte siano in linea con i vostri obiettivi di carriera. Se aspirate a diventare coach

esecutivi, cercate certificazioni che si concentrino su questa area specifica. La specificità della vostra formazione può farvi emergere in un settore altamente competitivo.

3. **Riconoscimento Globale:** Se pianificate di lavorare a livello internazionale, cercate certificazioni riconosciute a livello globale. Questo vi permetterà di competere in un mercato globale e di essere considerati professionisti di alto livello ovunque.

4. **Formazione Continua:** Prendete in considerazione le esigenze di formazione continua. Le certificazioni richiedono spesso ore di formazione continua per mantenerle attive. Questo può essere un fattore importante da considerare nella vostra pianificazione di carriera.

5. **Etica e Professionalità:** Rispettate rigorosamente le norme etiche e professionali stabilite dall'organizzazione di certificazione. L'integrità professionale è fondamentale per costruire fiducia tra voi e i clienti.

6. **Ricerca e Confronto:** Prima di impegnarvi in un programma di certificazione, eseguite una ricerca dettagliata e confrontate diverse opzioni. Leggete recensioni, parlate con professionisti che hanno conseguito la certificazione e valutate attentamente i curriculum formativi.

7. **Networking e Comunità:** Approfittate delle opportunità di networking offerte dalle organizzazioni di certificazione. Essere parte di una comunità di professionisti certificati può essere estremamente vantaggioso per lo sviluppo della vostra carriera.

In definitiva, una certificazione o un accreditamento nel coaching e nella formazione è un investimento che può influenzare in modo significativo la vostra carriera. Una scelta ben ponderata, accompagnata da un impegno costante nell'apprendimento continuo e nel rispetto delle norme etiche, può aprire le porte a un futuro di successo e soddisfazione professionale nel campo del coaching e della formazione.

19. Marketing per Coach e Formatori: Come presentarsi sul mercato, trovare clienti e costruire un brand personale.
Il marketing per coach e formatori è cruciale per costruire una carriera di successo. Ecco una panoramica dettagliata su come presentarsi sul mercato, trovare clienti e costruire un brand personale:

**1. Identità del Brand Personale:**
- **Definizione del Valore:** Cominciate definendo chi siete e cosa offrite. Quali sono le vostre competenze uniche e il vostro approccio al

coaching o alla formazione? Questo sarà la base della vostra identità di brand.

- **Mission e Visione:** Articolate la vostra missione e visione. Cosa vi spinge a fare ciò che fate? Questo aiuta a comunicare un senso di scopo e autenticità.

### 2. Target di Mercato:

- **Definizione del Pubblico:** Identificate chi sono i vostri clienti ideali. Quali sono le loro esigenze, problemi e obiettivi? Questo vi aiuterà a indirizzare le vostre strategie di marketing.
- **Segmentazione:** Spesso, è utile suddividere il vostro pubblico in segmenti per adattare il vostro messaggio e le vostre offerte in modo più efficace.

### 3. Presenza Online:

- **Sito Web Professionale:** Un sito web ben progettato è fondamentale. Deve essere chiaro, informativo e riflettere la vostra identità di brand. Includete testimonianze, studi di caso e informazioni di contatto.
- **Social Media:** Utilizzate i social media in modo strategico per condividere contenuti rilevanti, stabilire connessioni e promuovere il vostro lavoro. Concentratevi sui canali che sono più rilevanti per il vostro pubblico.

### 4. Creazione di Contenuti:

- **Blog:** Scrivete articoli di blog su argomenti pertinenti al vostro settore. Questo dimostra la vostra esperienza e offre valore ai potenziali clienti.

- **Video e Podcast:** I contenuti multimediali come video e podcast possono aumentare l'engagement. Condividete storie, consigli e risorse utili.

## 5. Relazioni e Collaborazioni:

- **Networking:** Partecipate a eventi e conferenze del settore per costruire relazioni con altri professionisti e potenziali clienti.
- **Collaborazioni:** Considerate la possibilità di collaborare con altri coach o formatori per offrire programmi congiunti o eventi.

## 6. Testimonianze e Recensioni:

- **Richiedete Testimonianze:** Dalle vostre esperienze di coaching o formazione, chiedete ai clienti di scrivere testimonianze sincere. Queste testimonianze possono essere potenti strumenti di marketing.
- **Recensioni Online:** Se possibile, incoraggiate i clienti a lasciare recensioni positive su piattaforme online rilevanti come Google My Business o LinkedIn.

## 7. Offerte Speciali e Promozioni:

- **Promozioni Periodiche:** Offrite sconti o pacchetti speciali per attirare nuovi clienti o incoraggiare i clienti esistenti a tornare per ulteriori sessioni.

- **Webinar e Eventi Gratuiti:** Organizzate webinar o eventi gratuiti per mostrare il vostro valore e raccogliere informazioni di contatto per futuri contatti.

## 8. Monitoraggio e Analisi:

- **Analisi dei Risultati:** Utilizzate strumenti di analisi per monitorare l'efficacia delle vostre strategie di marketing. Questo vi permette di apportare modifiche quando necessario.
- **Feedback dei Clienti:** Chiedete ai clienti come hanno scoperto i vostri servizi e se c'è qualcosa che potete migliorare.

## 9. Etica e Professionalità:

- **Mantenere Standard Elevati:** Mantenete sempre standard etici ed esigenti nel vostro lavoro. Questo contribuirà alla vostra reputazione e alla fiducia dei clienti.

## 10. Formazione Continua:

- **Aggiornamento delle Competenze:** Continuate a migliorare le vostre competenze e conoscenze nel coaching o nella formazione. Questo vi permetterà di offrire un valore sempre crescente ai clienti.

In sintesi, il marketing per coach e formatori è un processo continuo che richiede una comprensione approfondita del vostro pubblico, una comunicazione chiara del vostro valore e un impegno costante nell'offrire servizi di alta qualità. La costruzione di un brand personale

solido richiede tempo ed energia, ma può portare
a una carriera gratificante e di successo nel
mondo del coaching e della formazione.

Naturalmente, esploreremo ulteriormente alcune
strategie avanzate di marketing per coach e
formatori:

**11. Pubblicazioni e Contributi:** Scrivere
articoli per riviste, blog del settore o
pubblicazioni online può aumentare
notevolmente la vostra visibilità. Questi
contributi possono dimostrare la vostra
competenza e posizionarvi come un esperto.

**12. Webinar e Workshop Online:**
Organizzare webinar o workshop online gratuiti o
a pagamento è un modo efficace per dimostrare
le vostre competenze e interagire direttamente
con il pubblico. Potete anche registrare queste
sessioni e offrirle come contenuti a valore
aggiunto.

**13. Marketing di Contenuti:** Una strategia di
marketing di contenuti ben strutturata può
generare un flusso costante di clienti. Oltre agli
articoli di blog, considerate la creazione di guide,
e-book o corsi online che offrono valore gratuito
ai vostri potenziali clienti.

**14. Automazione del Marketing:**
L'automazione del marketing può semplificare la
gestione delle relazioni con i clienti. Utilizzate

strumenti come i sistemi di gestione dei clienti (CRM) per automatizzare l'invio di e-mail, il monitoraggio delle interazioni e il follow-up.

**15. Strategia di Prezzi:** Determinare i prezzi dei vostri servizi richiede un equilibrio tra ciò che il mercato può sopportare e il valore che offrite. Potete considerare diverse opzioni, come prezzi orari, pacchetti o tariffe fisse.

**16. Referral Marketing:** Chiedere ai clienti soddisfatti di riferirvi ad amici, colleghi o conoscenti può essere un potente strumento di marketing. Potete incentivare questo processo offrendo sconti o commissioni ai clienti che portano nuovi affari.

**17. Ottimizzazione per i Motori di Ricerca (SEO):** Assicuratevi che il vostro sito web sia ottimizzato per i motori di ricerca in modo da apparire nei risultati di ricerca quando i potenziali clienti cercano servizi di coaching o formazione.

**18. Marketing su LinkedIn:** LinkedIn è una piattaforma chiave per i professionisti. Utilizzate LinkedIn per condividere contenuti, stabilire connessioni e partecipare a gruppi di discussione del vostro settore.

**19. Campagne Pubblicitarie Online:** Le campagne pubblicitarie online su piattaforme come Google Ads o social media come Facebook possono aumentare la vostra visibilità.

Assicuratevi di definire chiaramente il vostro pubblico di destinazione e di misurare i risultati delle vostre campagne.

**20. Feedback dei Clienti:** Chiedete regolarmente feedback ai vostri clienti e utilizzate i commenti per migliorare i vostri servizi e adattare la vostra strategia di marketing in base alle esigenze dei clienti.

In conclusione, il marketing per coach e formatori è un processo dinamico che richiede creatività, adattabilità e coerenza nel tempo. Esplorando queste strategie avanzate e rimanendo al passo con le tendenze del settore, potete posizionarvi come professionisti di successo nel coaching e nella formazione e costruire un portafoglio di clienti fedeli. Il marketing è un'arte in continua evoluzione, quindi esperimentate, adattatevi e continuate a cercare modi innovativi per promuovere i vostri servizi.

10. **Marketing di Affiliazione:** Considerate l'opportunità di creare un programma di affiliazione in cui altri professionisti o influencer del settore promuovono i vostri servizi in cambio di una commissione. Questo può espandere la vostra rete di clienti potenziali in modo significativo.

**12. Guest Posting:** Proporrete di scrivere articoli come ospiti su blog o siti web rilevanti al vostro settore. Questa è un'ottima opportunità per espandere la vostra visibilità e stabilire autorità nel campo.

**13. Marketing di Esperienza:** Offrite esperienze uniche ai vostri clienti. Questo può includere sessioni di coaching o formazione in luoghi insoliti o eventi speciali legati al vostro settore. L'esperienza memorabile può generare passaparola positivo.

**14. Strategia di Fidelizzazione:** Concentratevi sulla fidelizzazione dei clienti esistenti. Clienti soddisfatti sono più propensi a tornare e a riferirvi ad altri. Offrite programmi di fidelizzazione o sconti speciali per i clienti fedeli.

**15. Marketing basato sulla Ricerca:** Utilizzate i dati e le ricerche di mercato per identificare nuove opportunità e tendenze. Questo vi aiuterà a adattare la vostra strategia di marketing alle esigenze mutevoli dei clienti.

**16. Posizionamento di Niche:** Se il vostro settore permette, considerate la possibilità di concentrarvi su una nicchia particolare. Ad esempio, potete specializzarvi nel coaching per professionisti del settore medico o nella formazione aziendale per startup. La specializzazione può rendervi un esperto riconosciuto in quella specifica area.

**17. Co-branding:** Collaborate con altri professionisti o marchi rilevanti per offrire servizi congiunti o co-marketing. Questo può ampliare la vostra base di clienti attraverso l'accesso alla rete di partner.

**18. Marketing su Podcast:** Partecipate a podcast o create il vostro podcast per condividere idee e competenze con un pubblico più ampio. I podcast sono una forma di contenuto in crescita che può aiutare a costruire l'audience.

**19. Webinar Personalizzati:** Offrite webinar personalizzati per aziende o gruppi di clienti. Questo può essere un modo efficace per raggiungere gruppi specifici e soddisfare le loro esigenze uniche.

**20. Monitoraggio delle Tendenze del Settore:** Rimanete sempre aggiornati sulle tendenze emergenti nel coaching e nella formazione. Adattate la vostra strategia di marketing in base a queste tendenze per rimanere competitivi nel mercato.

In sintesi, il marketing per coach e formatori è un processo dinamico che richiede creatività, strategia e un approccio personalizzato. Continuate a esplorare nuove opportunità, adattatevi alle esigenze dei clienti e sfruttate al massimo le risorse disponibili. La chiave del successo è la coerenza e l'impegno a lungo termine nel promuovere i vostri servizi in modo efficace e autentico.

In conclusione, il marketing per coach e formatori è una disciplina articolata e in continua evoluzione. La creazione di una strategia di marketing efficace richiede una combinazione di comprensione del vostro pubblico di riferimento, comunicazione chiara del vostro valore unico e l'adozione di tattiche mirate per raggiungere il vostro obiettivo. Ecco alcuni punti chiave da tenere a mente:

1. **Consapevolezza e Coerenza:** La consapevolezza del vostro brand è fondamentale. Assicuratevi che il vostro messaggio di marketing sia coerente su tutti i canali, dal sito web ai social media. La coerenza aiuta a creare un'immagine riconoscibile e affidabile.

2. **Misurazione dei Risultati:** Monitorate costantemente l'efficacia delle vostre strategie di marketing. Utilizzate strumenti di analisi per misurare il traffico sul vostro sito web, il coinvolgimento sui social media e il tasso di conversione dei clienti. Questi dati vi aiuteranno a identificare ciò che funziona e ciò che può essere migliorato.

3. **Adattabilità:** Il mercato e le esigenze dei clienti possono cambiare. Siate pronti ad adattare la vostra strategia di marketing in base alle nuove tendenze e alle richieste dei clienti. La flessibilità è essenziale per il successo a lungo termine.

4. **Valore Autentico:** Comunicate il vostro valore in modo autentico e trasparente. Siate onesti sui vostri punti di forza e sulle aree in cui potete davvero aiutare i vostri clienti. L'autenticità è fondamentale per costruire la fiducia.

5. **Networking Continuo:** Non sottovalutate il potere delle relazioni. Continuate a costruire la vostra rete professionale, partecipate a eventi del settore e cercate collaborazioni significative. Le relazioni possono aprire nuove opportunità di business.

6. **Apprendimento Continuo:** Il mondo del marketing è in costante evoluzione. Continuate a imparare e a seguire le ultime tendenze e tecnologie. L'apprendimento continuo vi aiuterà a rimanere competitivi.

7. **Pazienza e Persistenza:** Il successo nel marketing richiede tempo. Non aspettatevi risultati immediati. La pazienza e la persistenza sono fondamentali per superare le sfide e ottenere risultati duraturi.

Infine, ricordate che il marketing è una forma di storytelling. Raccontate la vostra storia in modo coinvolgente e rilevante per il vostro pubblico.

Comunicate il vostro impegno per aiutare i clienti a raggiungere i loro obiettivi e fornire valore. Con una strategia di marketing ben pianificata e un approccio orientato al valore, potrete costruire una carriera di successo nel coaching e nella formazione.

20. Conclusione e Riflessione Finale: Un invito al lettore a prendere in considerazione un percorso personale di coaching o formazione, sottolineando i benefici a livello personale e professionale.

Nella conclusione di questo viaggio attraverso il mondo del coaching e della formazione, vorrei invitarvi a riflettere sull'incredibile potenziale che questi approcci offrono nella vostra vita personale e professionale.
**Il Potere del Coaching e della Formazione:** Il coaching e la formazione sono strumenti potenti per la crescita personale e professionale. Questi approcci possono aiutarvi a:
1. **Scoprire il vostro Potenziale:** Un coach o un formatore esperto può aiutarvi a scoprire e sfruttare il vostro pieno potenziale. Spesso, abbiamo abilità e risorse che non riconosciamo pienamente.
2. **Raggiungere Obiettivi Ambiziosi:** Attraverso un supporto dedicato, potete stabilire

obiettivi ambiziosi e sviluppare piani d'azione realistici per raggiungerli. Il coaching vi tiene responsabili per il vostro progresso.

3. **Migliorare le Competenze:** La formazione vi permette di acquisire nuove competenze e conoscenze che possono farvi avanzare nella vostra carriera o nella vostra vita quotidiana.

4. **Affrontare Sfide:** Inevitabilmente, la vita presenta sfide. Il coaching può aiutarvi a sviluppare strategie di gestione dello stress e delle difficoltà, consentendovi di affrontarle con fiducia.

**Benefici Personali e Professionali:**
I benefici del coaching e della formazione si estendono in tutti gli aspetti della vostra vita:

- **Miglioramento delle Relazioni:** Imparare le competenze di comunicazione e di gestione delle relazioni può migliorare significativamente i vostri rapporti personali e professionali.

- **Crescita Professionale:** Acquisire nuove competenze e sviluppare la vostra leadership può accelerare la vostra crescita professionale e aumentare le opportunità di carriera.

- **Equilibrio tra Vita e Lavoro:** Imparare a gestire il tempo in modo efficace e a mantenere l'equilibrio tra vita e lavoro può migliorare la vostra qualità della vita.

- **Realizzazione Personale:** Il coaching e la formazione vi aiutano a definire ciò che è davvero

importante per voi e a lavorare verso una vita più
significativa.

- **Fiducia in voi stessi:** Superare le sfide e
  raggiungere obiettivi vi darà una maggiore
  fiducia in voi stessi.

**Il Vostro Viaggio Personale:**

In ultima analisi, il coaching e la formazione sono
strumenti che possono guidarvi nel vostro
viaggio personale di crescita e realizzazione. Sono
investimenti in voi stessi e nel vostro futuro. Sia
che stiate cercando di avanzare nella carriera,
migliorare le relazioni, superare le sfide personali
o semplicemente scoprire chi siete veramente, il
coaching e la formazione possono essere i vostri
compagni di viaggio fidati.

Vi invito a considerare l'opportunità di iniziare
un percorso di coaching o di partecipare a
programmi di formazione pertinenti ai vostri
obiettivi. Non sottovalutate il potenziale di
trasformazione che queste esperienze possono
offrire. Il vostro viaggio di crescita personale e
professionale è un'avventura unica e
affascinante, e il coaching e la formazione
possono essere la chiave per sbloccare il vostro
potenziale e raggiungere livelli di realizzazione
che forse non avevate mai immaginato.

In questa guida completa sul coaching e sulla
formazione, abbiamo esaminato in dettaglio una

vasta gamma di argomenti fondamentali per comprendere appieno questi due settori e per trarne il massimo beneficio. Ecco un breve riassunto dei principali punti trattati:

1. **Introduzione al Coaching e alla Formazione:** Abbiamo esplorato i concetti chiave di coaching e formazione e la loro importanza nel mondo moderno.
2. **Storia del Coaching:** Abbiamo approfondito l'origine e l'evoluzione del coaching nel tempo.
3. **I Fondamenti della Comunicazione:** Abbiamo discusso aspetti cruciali come l'ascolto attivo, il feedback costruttivo e le domande efficaci.
4. **Il Ruolo del Coach:** Hanno esaminato le responsabilità, le attitudini e le competenze necessarie per essere un buon coach.
5. **Strumenti e Tecniche di Coaching:** Abbiamo analizzato varie metodologie e tecniche utilizzate nel coaching.
6. **Misurare il Successo del Coaching:** Hanno discusso come valutare l'efficacia di un percorso di coaching.
7. **Il Processo di Formazione:** Abbiamo esplorato l'intero processo, dall'analisi dei bisogni formativi alla valutazione dei risultati.
8. **Tecniche Didattiche:** Hanno discusso come presentare informazioni, facilitare discussioni e coinvolgere i partecipanti.

9. **Coaching vs Mentoring:** Hanno esaminato le differenze tra coaching e mentoring e quando utilizzare ciascuno.

10. **Formazione Online:** Abbiamo esplorato l'uso della tecnologia nella formazione, i vantaggi e le sfide.

11. **Barriere alla Formazione e al Coaching:** Hanno affrontato come superare resistenze, paure e limiti auto-imposti.

12. **Casi di Studio:** Abbiamo esaminato esempi reali di successi e insuccessi nel mondo del coaching e della formazione.

13. **Etica nel Coaching:** Hanno discusso l'importanza di operare con integrità e riservatezza.

14. **Sviluppo Continuo del Coach:** Abbiamo affrontato l'importanza della formazione continua e dell'auto-riflessione per i professionisti.

15. **Differenze Culturali:** Hanno considerato le sfide e le considerazioni nella formazione e nel coaching in contesti multiculturali.

16. **Coaching di Gruppo vs Individuale:** Abbiamo esaminato le caratteristiche e le sfide di ciascun approccio.

17. **Il Futuro del Coaching e della Formazione:** Abbiamo discusso delle tendenze emergenti nel settore.

18. **Certificazioni e Accreditamenti:**
Hanno affrontato l'importanza della formazione
certificata.

19.**Marketing per Coach e Formatori:** Hanno
esplorato strategie avanzate per promuovere i
servizi.

20. **Conclusione e Riflessione Finale:**
Invitato il lettore a considerare il coaching e la
formazione come strumenti di crescita personale
e professionale.
Per ulteriori risorse e approfondimenti, vi
consiglio di esplorare siti web dedicati al
coaching e alla formazione, come l'International
Coach Federation (ICF) per il coaching, e di
cercare libri e corsi specifici sulle aree che vi
interessano di più. La chiave per il successo in
questo percorso è la curiosità e la volontà di
imparare in modo continuo. Che il vostro viaggio
di scoperta e crescita sia appagante e ricco di
successi.

www.ingramcontent.com/pod-product-compliance
Lightning Source LLC
Chambersburg PA
CBHW050335160726
48002CB00001B/331